16: L⁵ Pₗ
2798

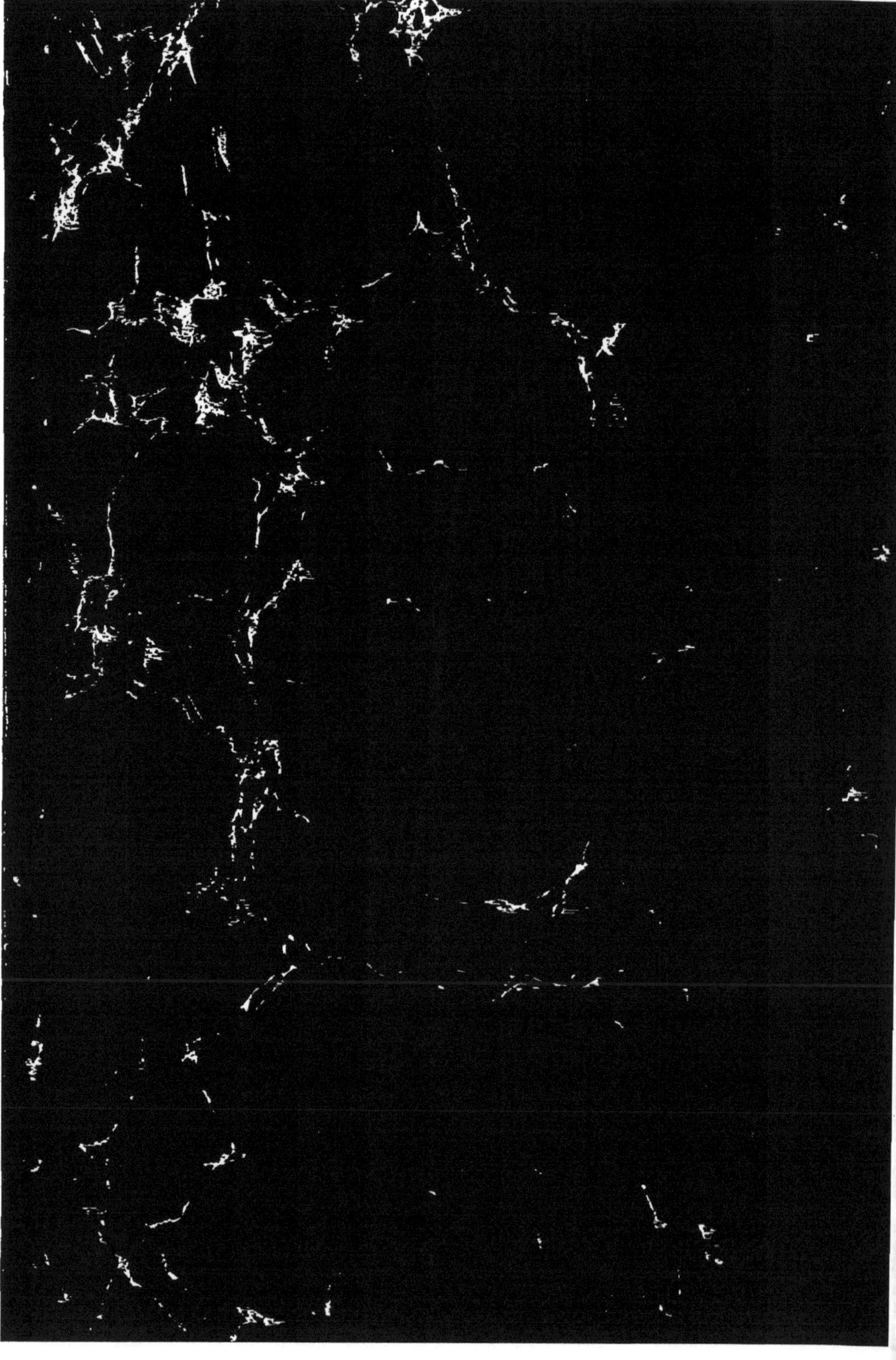

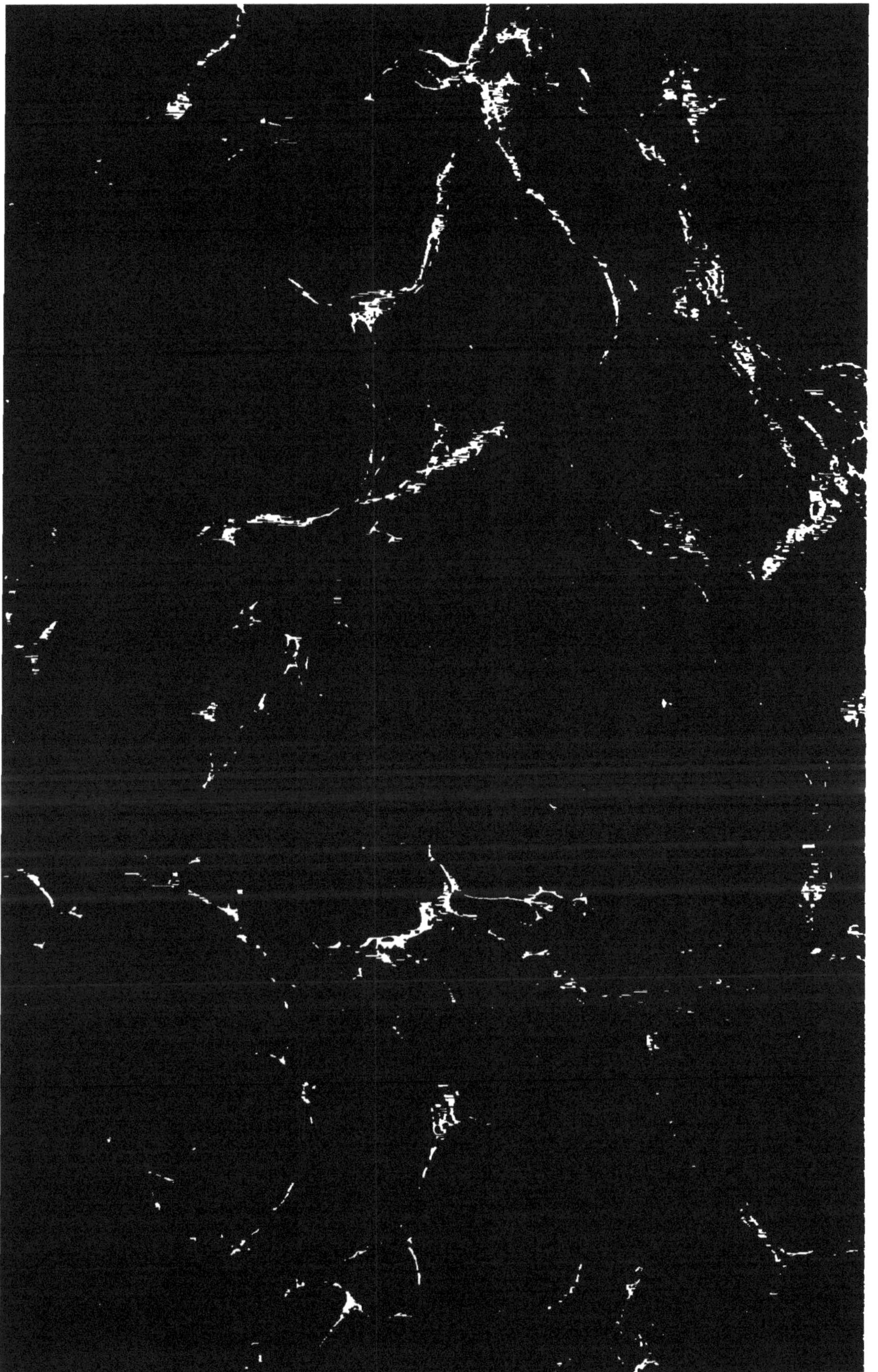

LE SIÉGE DE PARIS

FAITS ET GESTES

D'UN

BATAILLON DE MOBILES

PARIS

E. DENTU, LIBRAIRE-EDITEUR

PALAIS-ROYAL, 17-19, GALERIE D'ORLÉANS

—

1871

Tous droits réservés

16e Lh 5 2798

 MF S 21711

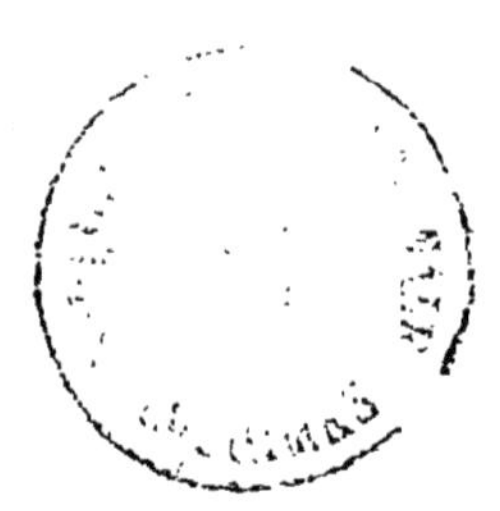

LE SIÉGE DE PARIS

I

APPEL DE LA MOBILE

Le 15 juillet 1870 est une date que n'oubliera aucun homme de la génération actuelle : ce jour-là les Chambres furent officiellement informées que la France déclarait la guerre à la Prusse. Je ne puis, sans une profonde affliction, me reporter à cette époque et me rappeler la joie exubérante, l'explosion de bravos qui accueillirent cette déclaration ; la guerre n'est-elle pas, en tout état de cause, un horrible fléau, même pour le vainqueur? Les esprits les plus calmes semblaient atteints d'une sorte de délire, les intelligences les plus lucides semblaient obscurcies. Je ne parle pas des manifestations de la rue, hideuses et révoltantes, mais qui ne se souvient d'avoir vu des hommes instruits, honnêtes, que l'on tenait pour sages et de bon conseil, faire soudain un éloge pompeux de la guerre en général et, en particulier, de celle qui allait s'engager? Nous vîmes des vieillards au chef branlant, aux jambes flageolantes, oublieux du poids des ans et de leur caractère vénérable, affirmer qu'ils voulaient voler à la frontière et répandre à flots le sang humain. Nous vîmes des femmes, trop nombreuses, hélas! faire preuve d'un acharnement fébrile; elles n'avaient pas de paroles assez dures pour l'ennemi; elles espéraient une guerre sanglante et parlaient, tout en faisant de la charpie, de maisons incendiées, de villes pillées, de batailles effroyables, avec une navrante désinvolture. De si belles paroles portèrent leurs fruits; il n'y eut pas jusqu'au bambin de la maison qui ne songeât à prendre part à cette bienheureuse guerre; sa frêle cervelle battait la campagne; il prétendait prêter à la patrie le secours de son bras vigoureux et tailler l'ennemi en pièces... avec son sabre de carton.

Que de victoires nous allions remporter! Que de trophées nous allions enlever à la Prusse! N'avions-nous pas toutes les chances en notre faveur? Notre armée n'était-elle pas la première du monde? N'avait-elle pas en maintes circonstances triomphé des plus sérieux obstacles? Son histoire ne renfermait-elle pas les plus glorieuses campagnes? On rappelait que depuis nombre d'années nous n'avions pas éprouvé le plus léger échec; au Mexique, en Italie, en Crimée surtout, nos soldats s'étaient signalés par une résistance admirable, un courage magnifique. Que pouvait-on leur reprocher? un peu trop d'élan peut-être; mais cette impétuosité n'était-elle pas une très-grande qualité? Ne devions-nous pas nos plus belles victoires à la légendaire furie française ?

Il y avait cependant quelque ombre au tableau ; que si, par acquit de conscience, vous interrogiez de vieux militaires ayant beaucoup vu et beaucoup appris, ils disaient en tordant leur moustache : « Nous serons vainqueurs, mais ce sera dur. » Pourquoi cette restriction? Certes, en y réfléchissant bien, nous reconnaissions que la France était en présence de valeureux ennemis ; la Prusse, dans la guerre de 1866, s'était révélée comme une nation militaire de premier ordre ; nous savions son armée disciplinée, énergique, très-habilement commandée, mais il ne pouvait venir à personne la pensée de la comparer à la nôtre. Le vulgaire n'admettait pas la discussion ; il ne comptait pour rien les concentrations de troupes, les mouvements stratégiques, le maniement des grandes masses, toutes choses dans lesquelles les Prussiens excellaient ; il proclamait que l'élan français aurait facilement raison de toute la tactique prussienne. Chaque jour naissaient de nouveaux axiomes ; ainsi : « Un soldat français vaut dix soldats prussiens. » Ainsi encore : « La Prusse ne doit ses victoires de 1866 qu'au seul fusil à aiguille. » Or, nous avons le chassepot qui déjà, comme chacun sait, « a fait merveille », et les mitrailleuses desquelles on espère encore plus que du chassepot. Les mitrailleuses étaient l'objet d'un véritable culte ; elles empruntaient au mystère dont on avait toujours eu soin de les entourer je ne sais quoi de merveilleux et de surnaturel ; la renommée grossissait encore leurs effets foudroyants ; il était affirmé et démontré qu'elles renverseraient l'un après l'autre les régiments prussiens comme des châteaux de cartes.

Pour toutes ces causes, personne ne voulait penser à la possibilité d'une défaite et, si quelqu'un, en public, avait osé prévoir cette éventualité, je n'aurais pas répondu qu'il n'eût point été lapidé. Chacun de nous peut se souvenir de cette parole qui résumait tous les sentiments, toutes les aspirations, et se répétait partout : « La guerre contre la Prusse est une guerre nationale. »

J'ai rappelé ces faits uniquement pour montrer le mérite immense qu'il y avait à voir les choses sous leur véritable aspect. Or ce mérite, il importe de le dire, la jeunesse française en fit preuve au plus haut degré. De la part de ces jeunes gens une confiance imprudente, une exagération irréfléchie, auraient été excusables ; ils surent rester éloignés d'un extrême et ridicule enthousiasme. Nous comprenions qu'un drame terrible allait se jouer ; il s'agissait pour la France de ne pas perdre le premier rang qu'elle occupait en Europe, pour la Prusse de le conquérir, pour toutes deux d'écraser, de broyer, d'anéantir leur rivale et de la rejeter dans l'obscurité jusqu'à la fin des siècles. Nous ne nous faisions pas d'illusions ; nous savions que l'ambition de la Prusse serait d'autant plus inexorable qu'elle était servie par une armée redoutable ; nous savions que nos ennemis ne négligeraient aucun moyen de précipiter la France dans une ruine complète ; mais nous aussi nous avions une vive, une légitime ambition. Nous voulions soutenir la vieille gloire de la France ; nous voulions payer de notre personne et consacrer à notre chère patrie tout ce que nous avions de forces et d'énergie, et, Dieu aidant, la victoire nous resterait fidèle. Il ne nous convenait pas de déblatérer, d'injurier, de crier, de chanter ; nous laissions cela aux ignorants et aux égarés ; nous agissions, et pendant que la foule vaniteuse et frivole se répandait en invectives contre l'ennemi et faisait tonner la *Marseillaise* dans les rues, nous, sans fracas et sans grands éclats de voix, nous nous apprêtions à partir pour le service de la France dans l'armée, dans la garde mobile, ou dans les corps auxiliaires.

Cependant, de tous côtés les troupes se mettaient en mouvement et gagnaient la frontière ; chaque jour des régiments quittaient Paris.

On vit alors des spectacles vraiment grands ; l'attitude des soldats était magnifique ; un soir je rencontrai sur les boulevards un détachement de grenadiers de la garde ; sur le point de rejoindre l'armée du Rhin, ils avaient été chercher aux Tuileries le drapeau du régiment et le rapportaient à la caserne ; la foule les entourait, hurlant la *Marseillaise ;* je ne pouvais regarder sans émotion et sans confiance ces hommes au mâle visage, à la stature altière, s'avancer graves et silencieux au milieu de la foule en délire ; ils semblaient porter la victoire dans les plis de leur drapeau !

L'armée était partie ; on commença à songer à la mobile. Je reçus l'ordre, à la fin de juillet, d'aller m'installer à Versailles le 8 août, pour y apprendre le métier d'officier de la garde mobile; je faisais partie du 3e bataillon des mobiles de Seine-et-Oise. Si nous ajoutions foi à ce que l'on disait, le rôle de la mobile serait peu brillant; des personnages... compétents affirmaient *a priori* que la mobile, loin d'être de quelque utilité en rase campagne, créerait des embarras perpétuels à l'armée; ils avouaient cependant qu'elle pourrait rendre des services derrière les remparts d'une place forte; en vérité, nous nous estimions heureux qu'ils voulussent bien condescendre à nous reconnaître ce faible mérite. Végéter dans une place forte, voilà notre lot! Les moins clairvoyants comprirent que l'on convoquait la mobile uniquement pour se mettre à l'abri de tout reproche et de tout regret, si, par impossible, nos troupes éprouvaient des échecs.

Cette défiance à l'égard de la mobile résultait d'un parti pris, d'un système. Le maréchal Niel, en faisant voter la loi de 1868, fondait un grand espoir dans la mobile; nul doute que, lui vivant, cette institution serait devenue un des éléments les plus importants de la défense du territoire. Mais, à sa mort, son œuvre fut interrompue et enrayée; la mobile tomba officiellement en discrédit; dans la plupart des bataillons quelques officiers avaient été nommés; c'était tout; il n'y avait eu ni exercices, ni réunions et, si au commencement de la guerre, hommes et officiers s'étaient montrés capables d'obéir et de commander, cela eût été une preuve qu'ils possédaient la science infuse.

La loi de 1868 était donc restée lettre morte; heureusement elle n'avait pas été abrogée. Certes on pouvait contester sa perfection ; pour qu'elle devînt pratique, le remaniement de plusieurs de ses articles était indispensable, comme l'a démontré le baron Stoffel dans des rapports que tout le monde a lus. Mais cette loi, bien que défectueuse et incomplète, devait rendre les plus signalés services. Elle avait fait grand bruit en son temps ; comme toutes les mesures portant atteinte à l'indépendance individuelle, la nation l'avait vivement critiquée et discutée ; elle l'avait finalement acceptée, sinon avec bonne grâce, au moins sans trop de murmures ; les questions d'intérêt privé s'étaient effacées devant la grandeur toujours croissante de la Prusse ; la nation jugeait la garde mobile une institution des plus onéreuses, mais des plus indispensables ; pour tous c'était une nécessité regrettable, mais une nécessité. Cet ensemble de faits explique pourquoi l'appel de la mobile s'opéra sans difficulté aucune ; si la loi n'avait pas existé, l'appel sous les armes de toutes les forces vives de la France eût été une mesure grave qu'on aurait hésité à prendre et qui ne se serait exécutée qu'avec des plaintes, des récriminations, beaucoup de lenteurs et une grande insuffisance ; grâce à la loi, tout s'accomplissait avec ordre et promptitude.

On se loua bientôt d'avoir convoqué la mobile ; nous croyions, au commencement de la campagne, que l'armée régulière suffirait amplement à battre l'ennemi ; cette illusion dura peu. Quelques escarmouches de cavalerie terminées à notre avantage, et le combat de Saarbrück, favorable à nos armes, confirmèrent d'abord la bonne opinion que nous avions dans l'issue de la guerre. Mais soudain d'horribles nouvelles fondent sur la France : le 4 août, le général Abel Douay est battu et tué à Wissembourg ; le 6, le général Frossard est battu à Forbach, et, le même jour, le corps du maréchal Mac-Mahon est anéanti à Reischoffen. Nous ne pouvions assez exalter l'héroïsme de nos soldats ; les turcos sont sublimes à Wissembourg, et les cuirassiers font à Reischoffen une charge qui restera célèbre dans l'histoire. Mais tant de bravoure est dépensée inutilement ; nos troupes sont obligées de céder devant un ennemi très-supérieur en nombre, qui se dissimule habilement dans les bois et se sert avec une adresse incomparable de sa puissante artillerie ; nous avons fait des pertes considérables : ce ne sont pas là des défaites, ce sont des désastres. La nation est frappée au cœur ; elle comprend que la France court de grands dangers ; mais il faut agir à tout prix ; il faut combler sans retard les vides de notre armée, sous peine de ne pouvoir arrêter la marche de l'ennemi qui, plein d'audace et fier de ses récents succès, envahit la France en conquérant. Le rôle de la mobile paraît alors devoir acquérir une grande importance. On ne parle plus de nous claquemurer dans des places fortes ; on déclare que la mobile marchera avec l'armée ; au lieu d'être tenus à l'écart, nous sommes appelés au premier rang. Eh bien ! nous nous montrerons dignes de cet honneur. On verra de quelles choses nous sommes capables, et il ne tiendra pas à nous que le souvenir de la mobile de 1870 ne soit impérissable.

VERSAILLES

8 *août*. — Le jour du départ est arrivé ; en route pour Versailles! On endosse l'uniforme, on remplit sa cantine de toutes les théories imaginables ; on ceint le sabre, on coiffe le képi et l'on dit adieu à Paris ou plutôt au revoir, car nous nous promettons de revenir plus d'une fois dans la capitale.

Le rendez-vous à Versailles est la caserne de l'artillerie à cheval de la garde. Les officiers de mobiles se rencontrent dans la grande cour de la caserne. Je prie qu'il me soit permis de mettre de côté toute modestie et d'avouer que nos nouveaux officiers ont une apparence fort martiale et une tenue irréprochable. C'est merveille de voir avec quelle désinvolture ils portent l'uniforme : nulle gaucherie, nulle raideur; jamais vous ne vous douteriez que hier encore ils n'étaient que de pacifiques *civils*. Un seul jour a suffi pour les transformer; les

voilà militaires achevés. Déjà ils disent avec aplomb :
Mon bataillon, ma compagnie, et je crois, Dieu me par-
donne, qu'ils raillent les *civils!*

A côté de ces jeunes coqs tout frais revêtus de leur
uniforme, il y a des anciens militaires qui reprennent
du service dans la mobile par souvenir de leur glorieux
métier, par désir d'être une fois encore utiles à la
patrie. Sur leurs poitrines brillent les croix de Crimée,
d'Italie, du Mexique, rappelant qu'ils prirent une
grande part aux exploits de nos armées; ils vont nous
prêter le secours de leurs conseils et de leur expérience.

Après nous être présentés les uns aux autres, nous
parcourons Versailles en quête d'un logement. Personne
ne reconnaîtrait Versailles; partout on aperçoit des
officiers de mobiles, et, grâce à cette multitude d'uni-
formes, grâce à toute cette jeunesse, les rues de Versailles, si tristes d'habitude, si glaciales, ont un aspect
mouvementé et charmant. Il y a ici quelques régiments; les soldats regardent curieusement nos uni-
formes et nous saluent réglementairement. Ce n'est pas
sans un certain embarras que nous voyons de vieux
grognards à barbe grise, tout galonnés de chevrons,
porter, en passant devant notre jeune dignité, la main
à leur képi.

Le soir, nous nous endormons rêvant que nous livrons
à l'ennemi des combats acharnés, que nous le mettons
en fuite et lui faisons je ne sais combien de milliers de
prisonniers.

— Il faut, le lendemain, oublier ces chimères et revenir à la réalité. La gloire du champ de bataille ne nous est

pas encore réservée; nous avons une foule de choses à apprendre. Les officiers et les sous-officiers vont être instruits à Versailles; lorsqu'ils auront acquis une science suffisante, on les enverra dans leurs chefs-lieux d'arrondissement instruire les hommes de chaque bataillon. Les officiers qui sont anciens militaires se chargent de l'instruction ; les uns s'occupent de leurs jeunes camarades; les autres s'occupent des sous-officiers; la besogne est considérable et fatigante et il convient de dire, à leur éloge, qu'ils l'accomplirent avec un zèle, un dévouement sans bornes.

La caserne de l'artillerie à cheval de la garde est notre lieu de réunion et notre centre d'opérations. C'est là que, deux fois par jour, nous allons manœuvrer; nous travaillons avec une véritable rage; que de promenades nous avons faites dans cette vaste cour! Que de marches par le flanc! que de conversions! Le soleil nous inondait de ses torrents de lumière, et nous nous avisions que le képi était une médiocre coiffure d'été, mais la chaleur accablante ne ralentissait pas notre entrain, non plus que la pluie diluvienne.

Les journées se passent très-uniformément : le matin nous manœuvrons de six heures et demie à neuf heures; puis nous allons déjeuner ensemble; nous nous promenons ensuite en causant de la guerre et des nouvelles du jour; à deux heures nous manœuvrons encore jusqu'à quatre heures, après quoi messieurs les officiers sont libres de leurs mouvements. Généralement ils se précipitaient alors à Paris; les vieux militaires, fanatiques de leur métier, désapprouvaient cet exercice et lançaient des traits piquants à l'adresse de ces jeunes officiers qui, disaient-ils, n'allaient à Paris qu'à cette fin seule de faire sonner leurs sabres sur les boulevards, et de récolter des éloges pour leur élégance à porter l'uniforme. Ces critiques étaient-elles fondées? Je laisse à d'autres qu'à moi le soin de décider la question. Ce que je puis affirmer, c'est que nous avions une façon très-profitable de voyager; nous apprenions notre théorie en allant de Versailles à Paris; quelques-uns d'entre nous se réunissaient dans un wagon et se la récitaient mutuellement ; pour achever la séance, ils criaient les commandements à pleins poumons; cela donnait lieu à des scènes amusantes; parfois un bon bourgeois s'approchait de notre wagon et faisait mine d'ouvrir la portière ; un solide *Garde à vos !* l'arrêtait court; s'il paraissait, malgré cela, persister à vouloir s'installer à nos côtés, nous faisions retentir à ses oreilles un vigoureux : *Peloton! tour! droite!* et il s'enfuyait vivement; tout le monde ne raffole pas de la théorie !

Je revenais le soir de Paris, chargé de journaux, et je passais plus d'une heure à les lire. Hélas! les événements se précipitent! Où allons-nous ? que faut-il craindre ? que faut-il espérer ? Le ministère Ollivier succombe ; le comte de Palikao forme un nouveau cabinet, et le maréchal Bazaine prend le commandement en chef de l'armée. Agissons ! agissons! afin que la France ne roule pas dans l'abîme ouvert devant elle. Voici que les Prussiens, faisant preuve d'un merveilleux aplomb, s'élancent en France ; ils s'avancent à grands pas pré-

cédés de leurs coureurs audacieux ; ils investissent
Strasbourg, occupent Nancy, et déjà nous nous deman-
dons avec inquiétude s'ils ne parviendront pas jusqu'à
Paris. Pour que ce fatal événement se réalisât, il faudrait que notre héroïque armée éprouvât encore une
série d'échecs ; certes cela est peu probable ; mais le
début de la campagne nous a rendus prudents ; nous
osons maintenant prévoir des défaites ; aussi on se hâte
de mettre les fortifications de Paris en état complet de
défense et d'armer les remparts et les forts ; on rap-
pelle les anciens militaires, et toute la population va-
lide est incorporée dans la garde nationale sédentaire.
Pendant que l'on fortifie Paris, le maréchal Bazaine est
sous les murs de Metz, et le maréchal Mac-Mahon re-
forme rapidement son corps d'armée à Châlons.

Le 15 août se passe avec calme. Que durent penser
les Parisiens, privés pour la première fois depuis lon-
gues années de leurs régates, de leurs mâts de cocagne,
de leurs spectacles gratuits et de leur feu d'artifice ?
Beaucoup sans doute, indifférents par nature à la douleur nationale, ne comprirent réellement l'excès de nos
malheurs qu'en constatant cette privation. Ah ! ce n'é-
tait pas le moment des réjouissances ; tous les maux
nous accablaient à la fois ; la veille il y avait eu à Paris
une véritable bataille. Le poste des pompiers, à la caserne du boulevard de la Villette, avait été attaqué par des
hommes venus de Belleville, dont le but était de s'empa-
rer des armes et des munitions renfermées dans le
poste ; les émeutiers s'étaient servis de revolvers et
avaient fait trois victimes. Cet acte sanguinaire devait

inspirer les craintes les plus vives ; il révélait un parti puissant, le parti du désordre, qui se glorifiait de représenter l'insurrection systématique et organisée. Il ne fallait pas nous y tromper ; au milieu de nous se cachaient des hommes infâmes obéissant aux instincts les plus bas, à la plus vile cupidité, qui, pour satisfaire leurs passions, n'hésiteraient pas à profiter des malheurs de la France et ne reculeraient devant rien, pas même devant l'assassinat. Ces hommes-là, ce sont les partisans de la Commune ; nous les retrouverons ; chaque fois que le péril de la patrie deviendra plus grand, ils apparaîtront, bavant la haine et la colère, et avides de consommer la ruine de la France.

Ces pensées tristes disparaissent promptement, car nous voici dans les seuls jours heureux qu'il nous ait été donné de connaître pendant la guerre entière. Il semble que la fortune soit lasse enfin de nous frapper ; nous relevons la tête ; hier les défaites nous accablaient, aujourd'hui nos victoires se succèdent. Les dépêches nous apprennent la bataille de Borny (14 août), et la bataille de Rezonville ou de Gravelotte (16 août) ; le 18 le maréchal Bazaine livrait encore à l'ennemi une glorieuse bataille (défense des lignes d'Amanvillers). Quelle joie ! quel enthousiasme ! Ainsi l'étoile de la France apparaît de nouveau radieuse ; ainsi l'ennemi est repoussé, et notre patrie, notre chère patrie, bientôt sera délivrée de tous les maux de l'invasion. Le maréchal Bazaine, qui devait plus tard accumuler tant d'inimitiés sur sa tête, fut alors plus qu'un héros, presque un dieu ; on n'avait pas assez d'éloges à lui décerner ; c'était le

sauveur de la France ; il avait infligé à l'ennemi ses premières défaites ; il nous avait ramené la victoire ; de
toutes parts on répétait ce mot prononcé, dit-on, par
l'Empereur, après la bataille de Borny : « Le maréchal
a rompu le charme. »

A ce moment, la France peut, sans témérité, avoir
confiance dans l'avenir : le maréchal Bazaine combat
victorieusement sous les murs de Metz ; à Châlons, le
maréchal Mac-Mahon a reformé son armée ; enfin le
général Trochu, nommé gouverneur de Paris, active
l'armement des forts et des remparts de la capitale, et
organise une armée de défense composée de divers éléments, surtout de gardes mobiles et de gardes nationaux. On songe même à incorporer dans cette armée
les pompiers de province, et je me souviens d'avoir vu à
cette époque, errant sur les boulevards, tous ces braves
gens dont les chansonniers se sont tant amusés. Mais les
Parisiens ne riaient pas de leur costume suranné et de
leur casque hyperbolique, car ils sentaient battre dans
ces loyales poitrines un cœur vraiment français. D'ailleurs la combinaison projetée n'aboutit pas ; on renvoya
les pompiers dans leurs communes où leurs services
étaient indispensables.

Les heureux présages sont de courte durée ; du maréchal Bazaine nous n'avons plus de nouvelles ; nous le
savons sous les murs de Metz faisant tête à l'armée du
prince Frédéric-Charles ; une autre armée prussienne
marche sur Paris, commandée par le prince royal ; les
Prussiens s'avancent avec une rapidité terrifiante ; le
roi de Prusse transfère son quartier général de Pont-à-

Mousson à Bar-le-Duc ; un engagement est imminent entre les troupes du prince royal et celles du maréchal Mac-Mahon, qui barrent à Châlons la route de Paris. Mais tout à coup nous apprenons que le maréchal s'éloigne de Châlons et remonte vers le Nord pour opérer sa jonction avec le maréchal Bazaine. Dès lors la France s'attend à des événements considérables et très-prochains ; le prince royal va-t-il poursuivre le maréchal Mac-Mahon ou bien marcher délibérément sur Paris ? L'anxiété est à son comble ; on continue fiévreusement l'armement de Paris, et on y entasse tous les approvisionnements imaginables.

Le 28 août, les officiers de mobiles quittent Versailles pour se rendre à leurs chefs-lieux d'arrondissement. Les hommes de chaque bataillon y sont convoqués, et nous avons mission de les instruire le plus rapidement possible.

III

PONTOISE

L'arrivée des hommes du bataillon est un événement.
Rendez-vous leur a été donné, le 1er septembre, sur la
place de la Mairie. Les voilà qui débouchent de toutes
parts, au nombre de douze cents, fort gais, fort animés,
chantant à tue-tête. Ils courent à la recherche de leurs
officiers ; quel tapage ! quel tohubohu ! Après bien des
allées et venues, chacun finit par découvrir sa compagnie. Les officiers placent leurs mobiles sur deux rangs,
et font l'appel ; ce premier exercice militaire obtient
un succès des plus minces, et s'exécute avec une infinie
difficulté et au milieu d'un vacarme effroyable. Nous
distribuons les billets de logement ; demain commence
l'instruction du bataillon.

Le bataillon n'est resté que onze jours à Pontoise ;
quelle besogne nous avons faite ! Les douze cents mobiles

furent équipés et armés de pied en cape, et instruits de telle façon qu'au moment du départ ils maniaient le fusil et manœuvraient, je n'oserais dire comme de vieux soldats, mais comme des troupiers de deux ans.

On voit que nous ne perdions pas notre temps ; quel zèle de la part de tous ! quel entrain ! J'aurais voulu mener sur notre champ de manœuvre ces critiques acerbes qui ne ménageaient aux officiers de mobiles ni la plaisanterie mordante, ni le trait satirique. Assez gracieux pour les simples mobiles, ils les disaient seulement inaptes à livrer une bataille rangée ; ils leur concédaient une certaine capacité militaire ; c'était quelque chose et un avantage sur les officiers auxquels ils n'en reconnaissaient pas la moindre. Ils leur accordaient seulement ces qualités aimables que les hommes sérieux tiennent en médiocre estime ; ils avouaient qu'ils étaient polis, charmants, bien gantés, bien chaussés, qu'ils portaient l'uniforme à ravir et saluaient en perfection ; d'ailleurs les gens les plus incapables de la terre : nulle science militaire, nul désir de travailler et un grand éloignement pour la vie de campagne dure et fatigante. Ces critiques n'avaient qu'un tort : ils concluaient du particulier au général ; ils généralisaient quelques rares exceptions ; j'affirme que l'on trouvait chez ces jeunes gens la volonté sérieuse de remplir dignement les devoirs importants que la nécessité leur imposait et, par-dessus tout, un grand amour de la patrie. Je me permets de prétendre que ces jeunes officiers firent à leurs détracteurs la plus spirituelle des réponses ; ils imitèrent ce philosophe devant qui on niait le mouvement et qui se contenta de marcher pour convaincre les négateurs; on niait qu'ils fussent capables de conduire leurs compagnies : ils amenèrent à Paris des soldats disciplinés, habiles aux manœuvres et qui voyaient le feu avec une intrépidité merveilleuse.

Nous voici arrivés à un fatal moment : on parle de batailles, et non pas d'une façon vague, mais avec certitude; l'attention de tous est surexcitée. Le prince royal s'est mis à la poursuite du maréchal Mac-Mahon; il va lui livrer bataille. Si nos troupes ne remportent pas la victoire, le chemin de Paris sera ouvert devant l'ennemi sans obstacles. La nation attend avec impatience cette bataille, car d'elle seule dépend le salut de la France.

La bataille attendue éclate. Voici les funestes journées des 30, 31 août et 1er septembre. De quelle inquiétude chacun est dévoré, sachant que nos braves soldats sont aux mains avec l'ennemi ! L'interruption des communications ne permet pas de recevoir des nouvelles précises, mais les journaux sont remplis de renseignements non officiels qui, presque tous, nous donnent l'espoir de combats victorieux. Cependant il y a çà et là des restrictions, des réserves qui glacent l'imagination et inspirent un indicible effroi. Peu à peu le jour se fait, et les déclarations du ministre de la guerre sont terrifiantes : le maréchal Bazaine, après avoir fait une sortie très-vigoureuse, a été obligé de se retirer sous Metz, ce qui a empêché sa jonction avec le maréchal Mac-Mahon. D'autre part, une bataille a eu lieu entre Metz et Sedan ; les troupes françaises ont dû se retirer, soit sous Mézières, soit sous Sedan, soit même, mais en petit nombre, sur le territoire belge. Les dépêches étrangères sont plus explicites et ne laissent pas la moindre illusion. Déjà nous prévoyions les choses les plus tristes, mais jamais l'idée ne fût venue à personne que nous restions au-dessous de la réalité. La nouvelle officiellement annoncée nous écrase ; pendant trois jours, notre armée a combattu avec un courage surhumain ; le carnage a été affreux ; l'Empereur est fait prisonnier, et le maréchal Mac-Mahon est blessé ; une capitulation a été signée : 80,000 hommes sont prisonniers de guerre !

Le 4 septembre on proclame à Paris la République, et le gouvernement de la Défense nationale est constitué.

Maintenant, que va-t-il se passer ? Le prince Frédéric-Charles cerne étroitement sous les murs de Metz le maréchal Bazaine ; les armées prussiennes n'ont plus rien à craindre ; la route de Paris est libre ; fières de la série de victoires qu'elles viennent de remporter, elles s'avancent vers la grande ville avec une lenteur et un calme qui dénotent une absolue confiance. Heureusement Paris, depuis longtemps est sur ses gardes ; rien n'a été négligé pour rendre la capitale imprenable ; les approvisionnements sont immenses et les forts, les remparts et les travaux extérieurs sont en parfait état de défense. On arme, on forme la garde nationale ; le corps du général Vinoy, qui n'a pas pris part à la bataille de Sedan, se replie en bon ordre sur Paris et enfin la province envoie à la capitale de nombreux bataillons de mobiles.

Les campagnes sont frappées de terreur; leurs habitants s'enfuient ; ils gagnent Paris ou le midi de la France; pendant deux jours j'assiste à un lugubre défilé ; des charrettes passent devant moi sans discontinuer, suivies de troupeaux de bœufs et de moutons et emportant au loin le matériel de la ferme abandonnée; le fermier pleure, sa femme et ses enfants sanglotent ; quel horrible spectacle !

Le 13 septembre, le bataillon est appelé à Paris. Le départ est moins triste qu'il ne devrait l'être; nos mobiles quittent leurs parents et leur pays sans trop d'affliction, car tout le monde dit que la séparation ne sera pas de longue durée. Le bruit court depuis quelques jours que la guerre est terminée et la paix chose décidée. Hélas! beaucoup de ces jeunes gens ne devaient jamais revenir !

Le bataillon fait à Paris une entrée superbe; musique en tête nous traversons les boulevards aux acclamations de la foule ; le bataillon s'arrête aux Champs-Elysées, près du Palais de l'Industrie ; c'est là que nous donnons rendez-vous à nos mobiles pour demain matin. Les compagnies s'éparpillent, et chacun s'empresse de courir au domicile que lui assigne son billet de logement.

IV

PARIS

DU 14 SEPTEMBRE AU 6 NOVEMBRE

Le lendemain nos mobiles sont exacts au rendez-vous ;
ils arrivent pleins de gaieté et d'entrain et ravis de l'accueil qu'ils ont reçu ; *l'habitant* a été pour eux fort gracieux ; il n'est pas d'amabilités qu'on ne leur ait faites.

Nous débutons bien ; le bataillon va au Mont-Valérien pour échanger ses fusils à tabatière contre des chassepots ; cette mesure est très-favorablement accueillie ; le fusil à tabatière ne trouvait point d'admirateurs ; il paraissait fort lourd et mal commode à manier ; le chassepot si élégant, si svelte, si léger, d'une portée si longue et d'un tir si rapide et si juste, excitait les convoitises. Nous partons à onze heures ; le spectacle que nous avons sous les yeux est navrant ; les terrassiers ont métamorphosé les fortifications ; je ne reconnais plus la promenade chère aux Parisiens : partout des ponts-levis, des casemates, des embrasures pour les canons, des sacs de terre régulièrement alignés. Plus d'un Parisien, en voyant cet attirail guerrier, aura déploré les arbres abattus et les gazons enlevés, et regretté le temps où il venait chaque dimanche chercher sur ses remparts aimés une ombre... imaginaire et cueillir des fleurs... absentes.

L'avenue de la Grande-Armée est désolée ; les travailleurs ont démoli les maisons les plus proches des remparts, afin de donner toute liberté au tir des pièces ; les autres maisons sont abandonnées ; plus de portes, plus de fenêtres, plus un meuble ; il semble qu'elles aient subi un pillage en règle. Le spectacle dé cette destruction serre le cœur et impressionne vivement. Nous arrivons au Mont-Valérien ; cette imposante citadelle donnerait confiance aux plus timorés ; de ce côté, Paris non-seulement est imprenable, mais inabordable. Il y a là une légion d'ouvriers qui travaillent activement à terminer les défenses du fort ; ils vont installer ces fameuses pièces de marine qui sauront tenir l'ennemi à distance plus que respectueuse.

Nous échangeons nos fusils et reprenons la route de Paris. Nos mobiles ont la mine radieuse ; j'attribue cela à la possession des chassepots et aussi à une autre cause : notre promenade est réellement interminable, et les mobiles songent, avec une certaine joie, à la demeure de l'habitant où ils pourront si agréablement oublier leurs fatigues. Nous voici à l'Arc-de-Triomphe, dans un instant au palais de l'Industrie, puis chez l'habitant; chimères! illusions! à l'Arc-de-Triomphe, le bataillon reçoit l'ordre d'aller immédiatement à Passy et d'y passer la nuit; il doit occuper le quartier du Ranelagh et y monter la garde. Quoi! sans un instant de repos! sans pouvoir mettre en état de service les chassepots! sans pouvoir aller chercher les objets de campement! Pas de réclamations! l'ordre est exprès et veut que le bataillon parte sur l'heure! On distribue des cartouches sur le trottoir et le bataillon s'ébranle vers Passy. Grand embarras à Passy! Nous n'avons pas dîné et mourons de faim; nous envahissons les restaurants; malheureusement, la ville semble assiégée de longue date; les vivres sont invisibles; nous devons nous contenter d'une ombre de repas. Le bataillon campe dans une sorte de hangar ayant forme de manége; il faut se coucher par terre, dans la poussière, et s'endormir, si cela est possible; pas un mobile n'avait sa couverture : nous étions partis pour chercher des fusils et non pour monter la garde; afin que rien ne manquât à notre malheur, il faisait horriblement froid et c'était pitié de voir ces pauvres jeunes gens grelottant autour d'un maigre feu. Les factions et les rondes de nuit furent glaciales; aussi, le lendemain matin le bataillon accueillit avec transport l'ordre de retourner à Paris.

A peine arrivés aux Champs-Élysées, nous nous mettons à manœuvrer; il nous tarde d'apprendre le maniement du chassepot. Quel singulier aspect que celui des Champs-Elysées pour quiconque les a connus au temps de leur splendeur! Les gazons où jadis personne n'aurait osé poser la pointe du pied sont foulés sans vergogne ; les bosquets, ceux qui ne sont pas encore mis en coupes réglées, abritent sous leur ombre des soldats endormis. Aux Tuileries, un parc d'artillerie ; de l'artillerie aussi au concert Musard ; place de la Concorde, les gardes nationaux défilent, sans discontinuer, devant la statue de Strasbourg et la couvrent de couronnes ; au Palais de l'Industrie flotte le drapeau des ambulances. Les Champs-Elysées sont transformés en un lieu de manœuvres ; je n'aperçois que militaires de toutes armes et de tout costume faisant l'exercice avec une sorte de furie ; je ne rencontre que des caissons d'artillerie et des pièces de canon passant au galop qui remplacent étrangement les calèches et les mail-coaches d'autrefois. Le bataillon installe son quartier général dans un des cafés-concerts ; les sergents-majors travaillent dans les salons du café ; les factionnaires surveillent gravement des barils de cartouches placés sur le théâtre et, dans le jardin, nos musiciens s'exercent tous les jours.

Paris me semble à cette époque abattu et morne ; je vois partout la tristesse et le présage de malheurs. Il y a lieu de s'attrister et de s'attrister grandement : les Prussiens sont en présence de Paris ; ils s'établissent rapidement et avec solidité tout autour de nous ; ils coupent les lignes télégraphiques, interrompent les chemins de fer, et nous allons voir ce que jamais aucun homme de la génération actuelle ne croyait possible : Paris va être assiégé ! Jusqu'au dernier instant chacun veut douter de cet événement ; on compte tout au plus sur un investissement très-incomplet ; ne dit-on pas qu'il faut

1,200,000 hommes pour investir Paris? Jamais l'ennemi ne pourra mettre en ligne une pareille armée. L'ennemi, sans doute, a sur ce point des données bien différentes des nôtres et qui, malheureusement pour nous, brillent par un caractère de sagacité et de sûreté incomparables, car, le 19 septembre, Paris est définitivement, irrémissiblement et officiellement investi.

Ce jour-là a lieu le premier combat autour de Paris; c'est le combat de Châtillon. Aujourd'hui, dès la pointe du jour, nos troupes font une reconnaissance offensive vers Châtillon; l'ennemi suit ses anciennes traditions : il se dissimule dans les bois et dans les villages et déploie une nombreuse artillerie. Après un engagement assez vif, nos troupes se replient en arrière et prennent de nouvelles positions; vers quatre heures elles se retirent, après avoir déployé une grande solidité.

Ce combat offrait beaucoup d'importance en lui-même, puisque nous y perdions la redoute de Châtillon; un fait déplorable vint encore en augmenter les proportions et semer l'épouvante dans la population : quelques soldats revinrent à Paris en désordre, criant que nous avions éprouvé un échec des plus graves et que les Prussiens menaçaient d'entrer dans Paris à l'instant; leurs cartouchières étaient pleines, leurs fusils intacts : c'étaient des fuyards! La foule, revenue de sa panique première, injuria ces malheureux avec une dureté révoltante; il en résulta que les fuyards parurent plus intéressants que ceux qui les injuriaient. Quel horrible spectacle! et comme il faut être misérable et bas pour invectiver ainsi de propos délibéré des hommes que l'ignominie même de leur conduite rend plus dignes de pitié que de mépris! Insulter à la lâcheté! Ce n'est pas le fait d'un homme de cœur! ce n'est pas le fait d'un Français!

Les mobiles firent à cette affaire leurs premières armes; ces jeunes gens se comportèrent admirablement, et le rapport officiel leur décerna des éloges mille fois mérités; leur brillante conduite inspirait un louable sujet de fierté à toute la mobile, et chacun se promettait bien, à l'occasion, d'imiter vaillamment l'exemple que venaient de donner les enfants de la Bretagne.

Ce même jour, les bataillons de la mobile présents à Paris procédaient à l'élection de leurs officiers. Cette mesure avait le don de provoquer l'antipathie de tous les hommes qui s'intéressaient sérieusement à l'avenir de la France, et souhaitaient que, loin d'affaiblir les troupes chargées de la défense, on leur donnât tous les éléments possibles de vigueur. On ne saurait imaginer une mesure plus anti-militaire, plus radicalement dissolvante. Mille raisons expliquaient l'élection pour les officiers de la garde nationale, qui est un corps bien distinct de l'armée, ayant des lois, des pénalités, des règlements spéciaux. L'élection des officiers de mobiles ne pouvait invoquer l'appui d'aucun argument; le moindre de ses inconvénients était d'apporter d'innombrables obstacles à la discipline; autre résultat plus fâcheux : elle assimilait la garde nationale mobile à la garde nationale sédentaire, avec laquelle elle n'a qu'une analogie de nom; elle la séparait de l'armée et créait entre ces deux corps une différence absolue, et comme une sorte d'antagonisme que la loi de 1868 s'était soigneusement efforcée d'écarter. Personne ne l'ignorait, le gouverneur de Paris ne prenait pas l'initiative de cette mesure; la bienveillance témoignée aux jeunes gens non réélus, et l'empressement avec lequel le gouverneur modifia le décret d'abord et le rapporta ensuite, sont une preuve que l'on voyait juste en ne lui attribuant aucune part directe dans cette mesure. Les vrais coupables furent quelques journaux qui répétaient à satiété que les officiers de mobiles étaient d'une parfaite incapacité. A force d'entendre dire que ces jeunes gens ne méritaient aucune considération, beaucoup d'hommes légers finirent par le croire, et il se forma une secte professant un dédain absolu pour les officiers de mobiles. Peu à peu, les adeptes devinrent plus nombreux, et quand ils eurent conscience de leur force, ils réclamèrent l'élection, comme une condition principale de salut pour la France. L'opinion publique fut, en cette circonstance, ce qu'elle est si souvent à Paris : frivole et inconsidérée; elle s'attacha uniquement à la surface de la question, sans vouloir en approfondir les conséquences; elle ne vit dans la mesure demandée qu'une nouvelle manifestation d'indépendance personnelle, et soutint la motion avec une si vive animation, qu'elle obtint le décret. Heureusement, les bataillons firent preuve de beaucoup d'intelligence et de sagesse, et corrigèrent dans la pratique ce que la mesure avait de mauvais en théorie; ils exclurent fort peu d'officiers et ne nommèrent à l'élection, pour les remplacer, que des officiers dignes de cette faveur. Dans mon bataillon, je suis heureux de le dire, les officiers furent tous réélus, sans exception aucune, ce qui fait en même temps l'éloge des hommes et celui des officiers.

« Les approvisionnements en viandes, liquides et » objets alimentaires de toute espèce seront largement » suffisants pour assurer l'alimentation d'une popula- » tion de deux millions d'âmes pendant deux mois. » Cette déclaration officielle, affichée sur les murs de Paris dès les premiers jours de septembre, répondait à une question que nous nous posions tous : les approvisionnements nous permettent-ils de supporter un long siége ? Maintenant, personne n'a plus d'inquiétude à ce sujet : deux mois, c'est un siècle ! Avant deux mois, Paris sera débloqué, l'ennemi chassé au loin, et notre armée peut-être en Prusse, prenant une éclatante revanche de ses premières défaites. Voilà ce que l'on dit à Paris ; seulement le siége durera quatre mois et douze jours, et la ville subira un commencement de famine.

Autre question que nous mettions sans cesse sur le tapis : les Prussiens bombarderaient-ils Paris ? On ne manquait pas de bonnes raisons pour affirmer la négative : Paris était plus que la capitale de la France, plus que la capitale de l'Europe, c'était la capitale du monde. Jamais l'ennemi n'oserait bombarder cette ville incomparable, asile des lettres, des arts et des sciences, qui projetait sur l'univers entier l'éclat de ses merveilles. Jamais il n'oserait détruire ces monuments, ces musées, objets de l'admiration et du respect de tous les peuples. Cependant Paris songeait à Strasbourg et se rappelait non sans inquiétude que la cathédrale elle-même servait de point de mire aux obus prussiens. Aussi parlait-on déjà de protéger par des sacs de terre les bas-reliefs de l'Arc-de-Triomphe, de blinder les fenêtres du Louvre, et l'Institut de France protestait solennellement contre la destruction éventuelle des musées et des monuments de Paris.

Ces craintes, comme l'avenir le prouva, n'étaient que trop justifiées. D'ailleurs, la Prusse ne tarda pas à renseigner les défenseurs de Paris sur la nature de siége qu'elle entreprenait ; l'ennemi ne voulait quitter la France qu'après avoir obtenu la plus grande somme de triomphes qu'il lui fût possible d'acquérir ; pour atteindre ce but, il était de conséquence que Paris succombât ; Paris vaincu, la France tomberait à la merci du vainqueur. Aussi, la guerre allait être menée vivement et violemment ; c'est ce qui résulta de l'entrevue de M. Jules Favre avec M. de Bismarck, qui eut lieu à Ferrières dans les circonstances suivantes : voici quelle était la pensée de la partie saine et intelligente de la population : « Convenait-il de continuer la guerre ? L'humanité ne conseillait-elle pas de mettre un terme à ces massacres ? Il éclatait aux yeux de tous que Paris était dans une situation extrêmement inquiétante ; notre armée régulière, nos héroïques soldats, n'avaient pu triompher de l'ennemi ; n'était-il pas téméraire de croire que des troupes improvisées seraient habiles à accomplir cette tâche ? La prudence, la sagesse, exigeaient que l'on essayât de traiter, mais à des conditions honorables. » Il fallait pour cela se rendre au quartier général du Roi de Prusse, et conférer avec M. de Bismarck. M. J. Favre entreprit cette mission ; il allait négocier un armistice pendant lequel le pays pourrait nommer une assemblée qui déciderait du sort de la France.

Quelques personnages des faubourgs s'émurent de cette démarche ; ils vinrent en corps protester contre le départ du ministre ; le gouvernement répondit par cette déclaration :

On a répandu le bruit que le gouvernement de la Défense nationale songeait à abandonner la politique pour laquelle il a été placé au poste de l'honneur et du péril. Cette politique est celle qui se formule en ces termes : « Ni un pouce de notre territoire, ni une pierre de nos forteresses. » Le gouvernement la maintiendra jusqu'à la fin.

Mais, la Prusse était résolue à user sévèrement de ses victoires ; elle demandait à garder l'Alsace et la Lorraine et exigeait, comme condition préalable d'un armistice, l'occupation des places assiégées, du Mont-Valérien et la garnison de Strasbourg prisonnière de guerre. Engagées de la sorte, les négociations ne pouvaient aboutir. Le sort en est jeté ! pour conserver l'intégrité de notre malheureuse patrie, pour sauver de la domination prussienne nos frères d'Alsace et de Lorraine, nous allons continuer la guerre avec ferveur, courage et résignation ; nous comprenons la grandeur de nos devoirs ; notre énergie ne faillira pas !

Dans cette triste circonstance, le bataillon apprend avec joie qu'il ne restera pas inactif. On lui réserve un service propre à compléter son éducation militaire ; le bataillon passera tous les quatre jours vingt-quatre heures au bastion ; il est attaché au 5e secteur ; ma compagnie est préposée à la garde du bastion 54, qui est à droite de l'avenue de l'Impératrice, aujourd'hui avenue Uhrich, en entrant au bois de Boulogne.

La vie au bastion est monotone, la journée se passe uniformément de la manière la plus calme ; pendant que nos mobiles dressent leurs tentes ou jouent à quelque jeu animé, nous errons de long en large, mes camarades et moi, quêtant des distractions ; je scrute avec ma lorgnette le Mont-Valérien et cet infortuné bois de Boulogne, dont les arbres tombent l'un après l'autre sous la hache ; voilà le lac, sans animation, sans vie, car on a tué à coups de fusil les cygnes et tous ces oiseaux aquatiques qui se livraient jadis sur l'onde à de si joyeux ébats ; voilà le champ de courses où, il y a quelques mois, libres de tout souci, nous applaudissions aux exploits de la fameuse *Sornette ;* reverrons-nous jamais *le retour des courses* et le *tour du lac ?*

Je m'instruis en causant avec les travailleurs qui construisent des casemates et des barricades et avec les artilleurs de la mobile chargés de garder les pièces de canon ; en temps de guerre il ne faut ignorer le maniement d'aucun engin pouvant servir à massacrer les hommes ; c'est atroce, mais c'est logique !

Nous dînons ensuite d'un morceau de pain et d'un morceau de cheval ; depuis longtemps nous ne mangeons que du cheval, nourriture médiocre, en somme, malgré les éloges enthousiastes des hippophages convaincus. Après dîner, par mode de récréation, nous avons des arrestations d'espions; Paris en fourmille, mais on grossit encore la réalité, on en voit partout; il résulte de cela des scènes curieuses. Plus d'une fois un farouche Prussien n'est autre qu'un paisible bourgeois, observateur rigide des lois municipales, grand admirateur de la police, ennemi né des malfaiteurs de toute race et fanatique garde national. Quoi qu'il en soit, les espions authentiques, fort intelligents pour la plupart, rendaient aux Prussiens les plus grands services. Il y avait un moyen de combattre l'espionnage ennemi, c'était d'entretenir, nous aussi, des espions, mais nous n'en trouvions pas; il faudra sans doute quelque temps avant que ce métier acquière en France ses titres de noblesse.

La nuit arrivait; les officiers partageaient entre eux les heures de ronde et on allait s'endormir sous une tente aux trois quarts déchirée et sur une paille qui jadis avait été fraîche. La nuit chaque officier est à son tour trois heures sur pied. Tout est calme, rien ne trouble le silence qui nous entoure, que quelques coups de canons des forts et le cri des factionnaires : « Sentinelles, prenez garde à vous! » On passe ses trois heures à causer avec le sergent de garde du temps présent et aussi du temps à venir, qui est gros d'orages. On s'assure plusieurs fois de la vigilance des factionnaires : on s'avance, le factionnaire croise sa baïonnette : « Halte-là ! qui vive! — Ronde d'officier! — Avance au ralliement! » Le premier jour, je m'en souviens, le mot d'ordre était : Daumesnil, le mot de ralliement : Dieppe, et, en répétant à chaque sentinelle le mot *Dieppe,* je pensais involontairement à la mer tumultueuse, aux vagues écumantes, à la brise du soir ; chassons ces souvenirs ; je suis au bastion 54, bien loin de la mer et des choses charmantes.

Un jour, l'ordre arrive au bataillon de quitter les Champs-Élysées et de se transporter dans les environs de la place Péreire où de nombreuses baraques ont été élevées pour recevoir les mobiles de province. Les baraques sont grandes, spacieuses, mais médiocrement confortables et ne feront pas oublier la bienveillante hospitalité de l'habitant. Pendant que nous nous installons, un ballon passe au-dessus de nous, portant en province les lettres de Paris. Qui jamais eût pensé que les ballons, types des objets de curiosité et de luxe, prendraient rang un jour au nombre des inventions pratiques et utiles ; cela est cependant, car on a découvert la poste aérienne. Ainsi, nos parents, nos amis, vont connaître notre sort ; de quelles inquiétudes ils doivent être dévorés ! et quelle sera leur joie, lorsqu'ils nous sauront pleins d'énergie et d'espoir ! Mais eux, que deviennent-ils ? trouverons-nous un moyen pour recevoir de leurs nouvelles ? Soyons patients, ce moyen on le découvrira ; les secrets de la science ne sont-ils pas innombrables ?

Le mois de septembre se termine par une affaire ; le 30 a lieu le combat de Chevilly. L'ennemi était maître des villages de l'Hay, Chevilly, Thiais et Choisy-le-Roi ; depuis quelques jours, il faisait sur cette ligne des travaux importants ; il fut alors décidé qu'une action serait tentée pour reconnaître exactement les forces établies dans ces positions. Nos troupes parviennent jusqu'à Thiais et Choisy-le-Roi; mais, à ce moment, l'ennemi reçoit de nombreux renforts; la retraite est ordonnée et nos soldats l'effectuent avec un calme parfait, sous le feu de l'artillerie prussienne. Malheureusement, nos pertes sont sensibles et nous avons à regretter la mort d'un vaillant officier: le général Guilhem.

OCTOBRE

Jamais le bataillon n'a autant travaillé que ce mois-ci; les manœuvres prennent de grandes proportions. Le matin, nous faisons l'exercice par compagnie dans les rues et avenues avoisinant la place Péreire; à midi, nous allons faire l'école de bataillon dans une immense plaine à la porte Saint-Ouen; parfois nous simulons l'attaque d'une maison. Cachés dans un pli de terrain ou dissimulés derrière les haies, nos mobiles font mine d'ouvrir le feu sur la maison; puis soudain ils s'élancent en avant, à la baïonnette; les compagnies débouchent de tous les côtés et enveloppent la maison. Ah! si l'ennemi était là, comme on le culbuterait!

Lorsqu'il pleut, les officiers lisent dans les baraques le Code militaire et professent la théorie du démontage et du remontage de l'arme, du paquetage des sacs, etc.

Le dimanche matin, revue sur la place Péreire; le bataillon se range autour de la place; la musique joue et il est constaté que la tenue de chacun est irréprochable ; les enfants nous contemplent avec leurs grands yeux ouverts ; les passants demandent à quel département appartiennent ces mobiles, et quelque vieux zouave, témoin de ce spectacle, marmotte dans sa moustache : « Voilà un crâne bataillon ! »

Notre service de bastion n'est pas interrompu, seulement ma compagnie garde maintenant le bastion 48. La vie n'y est pas plus gaie qu'au bastion 54. La grande distraction consiste à lire les journaux. Les nouvelles officielles de province, qui nous arrivent par pigeon, ne sont pas telles que Paris les voudrait ; cependant il résulte de renseignements précis que la province se lève avec énergie ; des armées se forment qui seront bientôt en mesure d'opposer à l'ennemi une vigoureuse résistance et de marcher au secours de la capitale. — Toul et Strasbourg, hélas ! viennent de succomber après une admirable défense ; Châteaudun, ville ouverte, a repoussé héroïquement l'ennemi ; en conséquence, elle a été bombardée ! — Le maréchal Bazaine est toujours bloqué sous Metz ; il fait des sorties que les journaux anglais qualifient de *furieuses*, mais dont aucune jusqu'à présent n'a pu réussir.

Quant aux nouvelles non officielles, elles brillent par une fantaisie élucubrante. Il est douteux qu'il se soit trouvé un seul homme ayant ajouté foi à toutes les insanités mises en circulation pendant le siége, et cependant je ne voudrais pas affirmer la négative, sachant que tout genre d'excentricité fleurit sur le pavé de Paris; mais, s'il y a eu au milieu de nous un semblable personnage, il doit être cuirassé pour le reste de ses jours contre les déceptions, car il aura connu les plus complètes illusions qui se puissent concevoir. Aujourd'hui, tout est perdu ; il n'y a plus d'espoir : les armées de province n'existent que dans notre imagination ; demain, nous serons vainqueurs sur toute la ligne et en passe d'arriver sous peu à Berlin. On contera, avec un grand sérieux, que nos troupes ont cerné 10,000 Prussiens dans la presqu'île de Gennevilliers. Que n'invente-t-on pas encore ? La République est proclamée à Munich ; le maréchal Bazaine, débloqué, marche sur Paris. Voici ensuite mille plans de défense qui doivent nous assurer la victoire en quelques heures, et des engins fabuleux qui massacreront des régiments entiers à la minute.

Une chose beaucoup plus certaine que ces bruits frivoles, c'est que les troupes du roi d'Italie sont entrées à Rome ; aucun échec ne manquera à la France ! L'Italie fait assez bonne fortune : le duc d'Aoste accepte le trône d'Espagne. Quel malheur que cet événement n'ait pas eu lieu il y a trois mois ! la guerre n'eût pas éclaté ; l'humanité n'aurait pas d'effroyables massacres à déplorer ; nous-mêmes, nous ne serions pas au bastion 48, ayant pour tout divertissement d'incessantes patrouilles de gardes nationaux turbulents.

Les combats continuent autour de Paris, mais ils n'ont pour résultat que de prouver la résolution de notre armée, la solidité de la garde mobile. Le 8 octobre, nos troupes poussent jusqu'à la Malmaison et même jusqu'aux premières maisons de Bougival ; le 13, elles font une reconnaissance offensive en avant des

forts du Sud ; le fait saillant de la journée c'est l'enlèvement de Bagneux par les mobiles de la Côte-d'Or et
de l'Aube qui montrent dans cette attaque l'aplomb de
vieilles troupes ; mais ils paient cher leur succès ; un
vaillant gentilhomme, le comte de Dampierre, tombe
glorieusement à la tête des mobiles de l'Aube.

Le 21, on fait une sortie dans la direction de Rueil,
la Malmaison, la Jonchère et le château de Buzenval.
L'attitude de nos troupes est au-dessus de tout éloge ;
l'ennemi, pour conserver ses positions, est obligé de
faire entrer en ligne des forces considérables ; notre
artillerie, brillamment conduite, lui fait essuyer de
grandes pertes ; même, à un moment de la journée les
Prussiens perdirent confiance et songèrent à quitter
Versailles en toute hâte ; cette panique dut être bien
caractérisée puisque la dépêche du Roi à la Reine, rela-
tive à ce combat, en fait mention : « Tout Versailles fut
alarmé, » dit la dépêche. Ce tout Versailles, c'étaient
les troupes prussiennes, car pour les habitants de Versailles l'arrivée de nos soldats dans la ville eut été, cela
est inutile à dire, plus qu'un événement heureux : le
salut et la délivrance.

28 *octobre.* — Il y a aujourd'hui 64 ans que Napoléon
a fait son entrée triomphale à Berlin ; comme pour cé-
lébrer dignement cet anniversaire, nous remportons une
victoire ; ce matin les francs-tireurs de la Presse exécutent une surprise sur le Bourget ; l'ennemi, malgré
un feu violent et une canonnade de plusieurs heures, ne
peut parvenir à leur faire quitter les positions enlevées ;
une attaque à la baïonnette ne réussit pas mieux et

l'ennemi se retire, cette fois-ci, bel et bien battu. Ce fait d'armes, si prestement mené, excite une grande admiration ; l'opinion publique grossit encore le combat et lui attribue une immense importance. Aussi, grandes sont la déception et l'irritation en apprenant, deux jours après, que les Prussiens ont repris le Bourget ; le village est attaqué le 30 octobre par des masses d'infanterie évaluées à plus de 15,000 hommes, appuyées par une nombreuse artillerie ; nous sommes forcés de nous replier ; nos pertes sont très-graves ; nous avons laissé entre les mains de l'ennemi un grand nombre de prisonniers. Le commandant Baroche a été tué en combattant à la tête de son bataillon.

Pour comble de malheur, nous lisons le même jour une déclaration du gouvernement, annonçant de toutes les nouvelles la plus horrible à concevoir : Metz s'est rendu ; l'armée est prisonnière de guerre ! Comment en croire ses yeux ! Cette armée qui nous inspirait tant de confiance, en laquelle nous mettions tout notre espoir ; cette armée, composée de l'élite de nos soldats, obligée de capituler ! Mais si Metz, avec ses colossales fortifications et défendue par la meilleure armée de la France, n'a pu se débloquer, comment Paris pourra-t-il réussir à le faire avec des troupes improvisées ? Ces réflexions inspiraient de justes craintes ; aussi apprit-on avec une vive satisfaction que M. Thiers arrivait à Paris, venant d'accomplir une grave mission, généreuse et patriotique. Il avait été présenter aux grandes puissances l'état réel de la France, dire ses aspirations et ses désirs et provoquer leur intervention dans le conflit.

Il avait eu la gloire de réussir : l'Angleterre, la Russie,
l'Autriche et l'Italie proposaient aux belligérants un
armistice qui aurait pour objet la convocation d'une
assemblée nationale. Nous nous trouvons donc dans de
graves circonstances ; nous venons d'éprouver de violents échecs, mais il y a espoir de terminer la guerre
par une transaction honorable ; la situation est tendue ;
il importe d'être calme et d'attendre avec dignité le
résultat des négociations entamées. Mais cette attitude
ne saurait convenir aux partisans de la Commune ; ils
sont à l'affût de toutes les complications pour en profiter ; c'est le moment d'agir ; ils n'ignorent pas que
l'ennemi usera des discordes qu'ils vont allumer, mais
cela les touche peu ; il semble en vérité, à les voir apparaître régulièrement dans les jours mauvais, qu'ils se
fassent gloire d'encourir le reproche de complicité avec
l'ennemi.

Aujourd'hui (31 octobre) ils prennent prétexte de la
capitulation de Metz, de la reprise du Bourget et des
bruits d'armistice pour justifier leur mécontentement. Ils
crient à la trahison, ce qui est le grand mot des hommes incapables de raisonnement ; ils demandent la dé-
chéance du gouvernement et la proclamation immé-
diate de la Commune ; ils ne veulent pas d'armistice :
la guerre à outrance ! tel est leur cri de ralliement. Le succès répond d'abord à leurs efforts ; ils envahissent la place
de l'Hôtel-de-Ville et l'Hôtel-de-Ville lui-même, où sié-
gent à ce moment les membres du gouvernement qu'ils
font prisonniers. Mais les honnêtes gens triomphent aujourd'hui ; le 106ᵉ bataillon de la garde nationale et les

mobiles de la Bretagne délivrent le gouvernement et éconduisent vigoureusement les communistes. Le soir, par crainte de nouveaux troubles, la garde nationale et la garde mobile restent sur pied ; mon bataillon passe la nuit derrière le nouvel Opéra. Mais les émeutiers sont vaincus ; ils ne sortent pas de leurs repaires.

Ce fait déplorable attrista profondément les vrais citoyens ; ils comprirent que la défense serait entravée par mille séditions ; ils comprirent que nous aurions deux ennemis à combattre et que le plus terrible n'était pas l'étranger, mais cette « *populace* » pour laquelle l'amour de la patrie, la haine de l'envahisseur disparaissaient devant le désir insatiable de satisfaire ses passions personnelles.

Les honnêtes gens eurent, quelques jours après, l'occasion de manifester hautement leur dévouement à la cause de l'ordre et de se compter ; appelés à voter sur cette question : « La population de Paris maintient-elle oui ou non les pouvoirs du gouvernement de la Défense nationale ? » ils répondirent par 350,000 oui ; les communistes ne purent recueillir que 54,000 non. Ces chiffres étaient éloquents et propres à dissiper toutes les craintes ; les agitateurs pourront renouveler leurs criminelles tentatives, mais, tant que nous défendrons Paris, nous, citoyens honnêtes et dévoués à la France, nous jurons qu'ils ne triompheront pas.

5 novembre. — Grande nouvelle ! Demain le bataillon quitte Paris. Nous sommes réunis au 1er et au 2e bataillons de Seine-et-Oise, et nous formons avec eux le 60e régiment de mobiles, sous le commandement d'un officier de très-grand mérite, le lieutenant-colonel Rincheval. Nous partons pour Montrouge, et tous les trois jours le bataillon sera de grand'garde aux avant-postes.

La joie est universelle ; la vie de garnison, si ponctuellement régulière et si monotone, nous pesait depuis longtemps ; d'ailleurs, après deux mois de travail assidu, nous sentons que nous sommes, sinon des soldats accomplis, au moins des soldats très-capables de jouer un rôle dans la défense de Paris. Ajoutez à ce sentiment un vif amour pour notre pauvre France, une compassion profonde pour ses malheurs immérités, et vous comprendrez que la perspective de quitter Paris et de changer d'existence n'avait pour nous rien que de très-agréable. Et puis que dit-on ? Nous allons aux avant-postes ; déjà nous entrevoyons des fatigues à supporter, des dangers à courir ; on parle d'attaques de nuit, et nous aurons, paraît-il, plus d'une occasion de brûler des cartouches ; enfants aujourd'hui et conscrits, demain nous serons hommes et troupiers aguerris ; voilà un programme qui nous plaît fort.

Jamais le dîner ne fut plus gai ; nous nous montrons l'adresse d'une lettre envoyée à l'un de nos camarades, ainsi conçue : M. X..., capitaine dans la garde nationale mobile sédentaire. *Mobile sédentaire !* le mot est piquant, et il était temps, ma foi, de quitter Paris.

6 *novembre.* — Il y a ce matin un grand branle-bas au quartier ; on court, on s'appelle, on se bouscule, on crie, on tempête. Il faut presser les uns, ralentir les autres, voir s'il ne manque rien à personne, et veiller à

ce que l'on n'emporte rien d'inutile. Naturellement, chacun veut charger son sac de mille objets de la plus grande variété ; mais il y a un règlement à observer, et le règlement ne badine jamais ; les officiers exécutent d'innombrables saisies ; c'est à croire qu'ils sont transformés en juges d'instruction. Naturellement encore, c'est au dernier moment que l'on demande des piquets de tente, des aiguilles pour les chassepots, des obturateurs, que sais-je encore ! L'officier de mobiles n'a jamais eu un cœur de roc, et les petites réclamations, suite inévitable des petites infortunes de la vie militaire, le trouvent parfaitement accessible. On se met en quatre pour satisfaire tout le monde, et presque toujours on y réussit, grâce à l'obligeance de ceux auxquels on a recours.

Enfin le paquetage des sacs est terminé ; nous déjeunons à la hâte et à midi le bataillon se met en marche. La population de Paris, si avide de spectacles, a une belle occasion de se divertir les yeux et elle en profite ; les promeneurs font la haie sur notre passage, ce qui nous flatte passablement ; ils nous acclament, ce qui nous flatte énormément ; disons-le sans vergogne, le bataillon remporte un succès fou ; les Parisiens s'extasient sur notre brillante musique ; ils admirent la tournure martiale de nos mobiles, leur entrain et leur bonne humeur, et regardent curieusement les sacs ornés de tous les effets de campement, de haches, de scies, de marmites, de gamelles et du classique pain rond.

Malgré tout le charme des applaudissements, il nous

tarde d'arriver au logis ; la route semble longue, les sacs semblent lourds ; aussi est-ce avec satisfaction que nous parvenons à la porte de Montrouge. Mais là il faut patienter et fléchir les gardes nationaux, qui gardent la porte avec une vigilance soupçonneuse. Le bataillon exhibe ses papiers, décline ses noms et qualités ; nous prouvons que nous ne sommes ni des maraudeurs, ni des espions, après quoi il nous est loisible de franchir la porte. Nous voici hors de Paris jusqu'au 24 janvier.

Le bataillon est cantonné à la sortie de Montrouge, sur la route d'Orléans. On affecte au logement de la 5ᵉ compagnie, ma compagnie, l'auberge du *Petit-Caporal*. Nos mobiles forment les faisceaux, mettent sac à terre et prennent possession de l'immeuble. Après avoir installé les escouades, messieurs les officiers entrent dans leur chambre ; son aspect n'a rien d'agréable : une chaise branlante, une table boiteuse, voilà le mobilier ; la porte est veuve de serrure, et deux carreaux sont cassés ; mais la palme de l'incommode appartient à la cheminée ; impossible d'allumer du feu ; la fumée nous aveugle ; tous nos efforts restent infructueux ; finalement nous ouvrons les fenêtres, pour éviter d'être asphyxiés, la chambre devient glaciale ; nous nous jetons sur nos lits de camp, et nous nous enveloppons stoïquement dans nos couvertures, fredonnant :

« Ah ! quel plaisir d'être soldat ! »

V

MONTROUGE

7 novembre.—Notre grande occupation aujourd'hui est de nous installer définitivement; nous enfonçons force clous pour y suspendre nos effets; l'un établit des étagères; l'autre adapte une serrure à la porte; celui-ci place des carreaux aux fenêtres; celui-là met un pied à la table; puis nous attaquons la cheminée; inspection faite, nous reconnaissons qu'on a eu la délicate attention de la murer à l'intérieur; heureusement personne ne fut jamais moins embarrassé qu'un mobile; démolir le murage est l'affaire d'un instant, et l'on fait flamboyer un feu superbe. Notre chambre finit par avoir une belle apparence : ici les lits de camp et les couvertures; là les cantines; sur les murs s'étalent majestueusement la capote bleue et le noir caban; les sabres, les pistolets sont artistement suspendus, et nous poussons la recherche jusqu'à orner notre cheminée d'une glace.

On parle beaucoup politique ce soir; la question de l'armistice est à l'ordre du jour; les négociations en-

tamées sur l'initiative des grandes puissances n'ont pas abouti. « Le Gouvernement avait posé ses conditions qui
» étaient : le ravitaillement de Paris et le vote pour
» l'Assemblée nationale de toutes les populations fran-
» çaises. La Prusse a expressément repoussé la condition
» du ravitaillement ; elle n'a d'ailleurs admis qu'avec
» des réserves, le vote de l'Alsace et de la Lorraine. Le
» Gouvernement a décidé à l'unanimité que l'ar-
» mistice ainsi compris devait être repoussé. » La France n'a donc plus qu'à combattre. Quiconque, à ce moment, regarde les choses sans préjugés, reconnaîtra que la situation générale, quoique gravement atteinte, n'est cependant pas compromise, et même que la nation peut, sans témérité, concevoir de grandes espérances ; en province, des armées existent qui font vaillamment leur devoir ; à Paris, trois armées dévouées et courageuses, des tranchées et des redoutes savamment disposées, les forts, avec leurs habiles marins, les remparts, dont chaque bastion forme une véritable citadelle, les canonnières de la Seine, les wagons blindés constituent un formidable système de défense. Il ne manque aux Français, pour réussir, qu'une seule chose : un peu de cette bonne fortune qui favorise si obstinément les Prussiens.

Tout le monde se couche de bonne heure ; demain, il faut être sur pied dès l'aurore ; le bataillon va passer vingt-quatre heures aux avant-postes.

8 novembre. — Le clairon sonne l'assemblée à quatre heures ; on jette sa couverture sur ses épaules en sautoir, on passe son pistolet à sa ceinture, on avale une tasse de café, on grignote un morceau de pain ; finalement nous partons. Il fait nuit complète ; après une demi-heure de marche, nous arrivons à la maison Millaud, où ma compagnie est aujourd'hui de grand'garde. Le bataillon occupe une magnifique ligne de tranchées, qui s'étend depuis Cachan jusqu'à Montrouge, en passant par le chemin de fer de Sceaux, la maison Millaud, la route d'Orléans, la maison Pichon, la Grange-Ory. Cette ligne est protégée par le fort de Montrouge et par la fameuse redoute des Hautes-Bruyères.

Nos tranchées font face à l'Hay, à Bourg-la-Reine et à Bagneux. Quoique solidement occupés par les Prussiens, ces villages semblent déserts ; aucun bruit ne se fait entendre, aucun soldat n'apparaît ; seule, une légère fumée, qui s'échappe des toits, révèle la présence de l'ennemi. Sur la route d'Orléans, à l'entrée de Bourg-la-Reine, on voit une immense barricade ; nous savons bue derrière elle, invisibles, les Prussiens veillent activement ; il ne faudrait pas traverser la route : une nuit un mobile tenta l'entreprise ; une balle prussienne le tua raide.

Je passe la journée en plein air. La maison Millaud est impossible à habiter ; elle a terriblement souffert de la guerre ; les obus l'ont visitée plus d'une fois et le vent s'y joue avec fureur. Le pays est charmant autour de nous ; le soleil éclaire radieusement de jolies maisons de campagne, bien chères sans doute à leurs possesseurs ; aujourd'hui ce sont des nids à Prussiens et elles servent de point de mire aux obus des Hautes-Bruyères.

Il est 5 heures ; redoublons de vigilance ; la nuit sera pénible ; les Prussiens, très-bien renseignés sur nos faits et gestes, savent sans aucun doute que les tranchées sont gardées par de jeunes troupes faisant pour la première fois le service des avant-postes, et l'on craint de leur part une tentative de surprise.

Vers 6 heures une vive fusillade éclate à notre gauche, en avant de Cachan. La fusillade se rapproche de nous peu à peu ; tout le monde est à son poste, l'œil aux aguets et prêt à faire le coup de feu. En voyant l'attitude martiale de ces jeunes mobiles et leurs regards décidés, nul ne croirait qu'ils sont pour la première fois à la tranchée ; on vieillit vite en campagne ! Cet incident nous met en éveil. La compagnie reste debout toute la nuit : dur métier ! C'est avec une indicible satisfaction que nous voyons venir la compagnie qui nous relève.

9 *novembre*. — Nous arrivons au *Petit-Caporal* sérieusement fatigués. Tous s'enroulent dans leurs couvertures et s'endorment. Hélas ! soudain le clairon nous réveille en sursaut. De quoi s'agit-il ? Je descends quatre à quatre l'escalier, et j'apprends que la compagnie doit aller se faire vacciner immédiatement. Bâillant comme des lions, nous nous rendons à l'endroit où l'on pratique l'opération. Mais là se passe une scène imprévue : nos mobiles ont des idées sur la vaccine et, comme ils sont très-partisans de la liberté de parler, chacun dit son mot ; les uns tiennent pour la vaccine, les autres l'accusent d'être une source de maladies fu-

lures ; ceux-ci prônent le vaccin de génisse ; ceux-là sont adversaires de la méthode de Jenner ; plus de mobiles ! tous docteurs ! Mais peu à peu la tempête s'apaise ; on tend docilement son bras au docteur, se souvenant à propos que depuis quelque temps la petite-vérole exerce des ravages de plus en plus effroyables. Tous les malheurs accablent la France à la fois.

Nous nous consolons de ce réveil impromptu en nous promettant de nous coucher de bonne heure. Mais la fatalité nous poursuit ; le soir, au plus profond de notre sommeil, cet affreux clairon sonne encore l'assemblée ; il y a une fusillade aux avant-postes ; ordre de partir sans retard ; en un clin d'œil la compagnie est équipée et rangée sur la route ; la fusillade cesse ; ordre de rentrer ; c'est une fausse alerte !

11 *novembre.* — La compagnie occupe aujourd'hui un poste agréable : une ferme sur la route d'Orléans. Nous sommes en réserve ; donc, à moins de choses extraordinaires, repos et tranquillité pour toute la journée. Notre ferme est attenante et reliée à une champignonnière ; je dis *reliée* par euphémisme, car les relations entre les deux maisons ont été établies d'après les principes de l'art militaire qui diffèrent grandement de ceux de l'architecture ; ils ne tiennent aucun compte des convenances. Dans l'habitude de la vie c'est une question d'état pour deux voisins que de relier entre elles deux habitations ; d'abord, cette pensée leur vient rarement ; deux voisins vivant en bonne harmonie, nous ne voyons pas cela tous les jours ; loin de chercher à se

rencontrer et à se rapprocher, on se cantonne soigneusement chez soi. Percer une porte! y pensez-vous!
mais mon voisin habiterait littéralement ma maison et
mon voisin a mille défauts : il est querelleur et inquisiteur ; il s'implanterait chez moi, regardant malicieuse-
ment chaque chose et glosant sur tout ; il trouverait à
ma maison mille imperfections ; il la comparerait sans
cesse à la sienne, et la comparaison, comme bien vous
pensez, ne serait pas à mon avantage. Puis nous ne
sommes pas en communauté d'idées ; quand il aborde
la politique je le proclame intolérable, mais, s'il parle
économie sociale, oh ! alors je me bouche les oreilles,
et vous croyez que je voudrais faciliter à mon voisin
l'accès de ma maison ! jamais ! jamais ! jamais !

Que si, par hasard, deux voisins sont désireux de
réunir leurs habitations, le percement de la porte est
chose grave. Quelle sera la forme et la couleur de la
porte ? Il faut des années pour décider la question.
Mais voici venir le génie militaire qui, sans consulter les
goûts de chacun, perce dans le mur un passage à coups
de pioche, et quand les deux voisins viennent visiter
leurs demeures, ils découvrent qu'ils peuvent entrer à
leur guise l'un chez l'autre ; fussent-ils ennemis mor-
tels, ils devront vivre en bon accord. Nul doute que
s'ils voulaient plaider touchant la mitoyenneté du mur,
le tribunal les renverrait dos à dos, en admettant qu'ils
trouvassent un tribunal. Libre à eux seulement de
gémir, de pleurer sur la dureté des temps présents ;
jamais pleurs et gémissements ne furent plus justifiés !

Après avoir installé la compagnie, les officiers entrent

dans leur chambre qui, nécessairement, est dénuée de tout meuble. Belle affaire ! Une planche et deux tréteaux, voilà la table ; une planche et deux pavés, voilà un banc ; le feu flambe dans la cheminée, et nous sommes installés. Je fais une visite domiciliaire. Rien de plus triste que cette promenade dans la vaste ferme vide ; partout le silence et le deuil. Les granges, les écuries, les hangards sont déserts ; les appartements remplis de débris de toute sorte, ont un aspect sinistre. Un tombereau, des charrues forment barricade contre la porte ; une machine à battre fort belle a reçu un obus dont je recueille les fragments dans le mur. Les mobiles de ma compagnie, presque tous cultivateurs, parcourent ces lieux avec une morne tristesse ; ils connaissent et aiment la vie, l'animation des travaux des champs, ils savent de quels soins, de quels sacrifices on achète la prospérité d'une ferme, et le spectacle de la désolation qui les entoure les frappe au cœur.

Je visite ensuite la tranchée, qui est très-calme, et je profite de l'occasion pour aller voir mes camarades à *la Carrière* et à *la Maison Millaud*. La compagnie de garde à la Carrière a envoyé des coups de fusil à quelques soldats ennemis qui rôdaient dans les alentours et prétend en avoir jeté un sur le carreau ; fasse le ciel que cela soit vrai ! dit-on philosophiquement ; nous aurons toujours un ennemi de moins. La guerre vous rend féroce !

De retour au logis, j'entreprends une opération peu guerrière ; il n'existe pas de sotte occupation aux avant-postes : je prépare le dîner, de concert avec notre cuisinier, qui m'explique les secrets de la cuisine en campagne, laquelle ne ressemble que vaguement à celle des nations civilisées. A dîner on cause fermage ; que devient l'agriculture pendant cette épouvantable guerre ? le canon remplace la charrue ; le laboureur prend un fusil ; l'ennemi réquisitionne ses troupeaux dont il était si fier, brise ses instruments de culture, pille ses greniers ; les fermes sont des casernes et les champs des cimetières ! Ah ! malheureux agriculteurs.

Après avoir conversé, on joue aux cartes ; à deux heures de la nuit le piquet est encore en pleine activité. Je vais faire un tour à la tranchée ; le fort de Montrouge tire vigoureusement sur le plateau de Châtillon ; de temps en temps il lance des jets de lumière électrique qui éclairent la côte en face et lui permettent de diriger ses coups ; puisse-t-il détruire ces batteries que les Prussiens dressent patiemment contre nous ! je trouve à mon retour tout le monde livré aux douceurs du sommeil ; je m'enroule dans mes couvertures et je me jette sur le parquet, avec un havre-sac pour oreiller ; le lit n'est pas bien doux et l'oreiller n'a rien de moelleux, ce qui ne m'empêche pas de dormir profondément.

15 *novembre.* — Grandissime nouvelle ! le général d'Aurelles de Paladines a battu les Prussiens à Coulmiers et repris Orléans. Voilà la première véritable victoire que nous remportons. Le nom du général d'Aurelles vole de bouche en bouche et devient glorieux en un instant. Enfin on se sent revivre, l'espoir renaît, la

confiance s'affirme; c'est le plus beau jour du siége. Qui douterait de ces armées de province dont si souvent on a nié même l'existence ? Qui oserait parler de négociations? Le gouvernement traduit la pensée de tous en disant que bientôt nous allons donner la main à nos frères des départements et avec eux délivrer le sol de la patrie.

Pour que rien ne manque à cette belle journée, le premier pigeon vient d'arriver avec des dépêches privées. La science résout enfin un difficile problème ; nous correspondons avec les départements ; les pigeons nous apportent des monceaux de dépêches réduites par la photographie en caractères microscopiques. Nous supportions aisément toutes les souffrances ; seule la privation des nouvelles de province semblait intolérable ; le siége peut durer maintenant éternellement; personne ne songera à se plaindre des misères du siècle.

20 novembre. — La compagnie est de garde *à la Carrière*, le plus dangereux de tous nos postes ; il tire son nom d'une de ces carrières de pierres de taille fort nombreuses en ces parages qui a été transformée en redoute. Nos ennemis sont de mauvaise humeur ce matin ; ils ne veulent pas nous permettre de nous installer paisiblement dans les tranchées; cinq ou six balles viennent siffler à nos oreilles ; comme dans l'armée française la politesse est de principe, nous nous empressons de rendre à ces messieurs leur salut.

Les Prussiens ont travaillé furieusement depuis deux nuits, et établi une barricade nouvelle fort en avant de celle qui existait déjà à l'entrée de Bourg-la-Reine, et très-voisine de nos tranchées. Ma compagnie reçoit l'ordre d'inquiéter les travailleurs cette nuit. A peine le jour a-t-il disparu, que l'ennemi recommence son travail; nous aussi nous travaillons sans relâche et notre fusillade est persistante. Ce jeu finit par déplaire aux Prussiens; un détachement vient pousser une reconnaissance du côté du chemin de fer et de la carrière. Ce détachement trouve des gens préparés à le recevoir; nos mobiles ouvrent incontinent un feu violent contre l'ennemi, qui répond vivement; les balles sifflent serrées autour de nous. Tout à coup le fort de Montrouge et les Hautes-Bruyères se mettent de la partie, et leur intervention n'est nullement platonique. Quelques obus habilement envoyés sur Bourg-la-Reine font tout rentrer dans le silence. Nous avons la chance de n'avoir pas de blessés; du côté de l'ennemi, j'ai entendu, au plus fort de la fusillade, des cris déchirants. La nuit s'achève sans encombre; mais le matin, au moment où le bataillon va retourner à Montrouge, une fusillade éclate vers la gauche, dans la direction de Villejuif; on attend que le chassepot et le dreyse aient terminé leur conversation. Enfin, à sept heures, le calme se rétablit, et le bataillon repart pour Montrouge.

28 novembre. — Il y a de la poudre dans l'air et, selon toute apparence, il va se passer quelque chose de grave. Depuis deux jours, le fort de Montrouge et les Hautes-Bruyères canonnent l'Hay et Châtillon avec vigueur. La compagnie est de grand'garde aujourd'hui à Cachan, près du parc de M. Raspail ; pour la première fois nous relevons des gardes nationaux mobilisés. Quelle dévastation dans les maisons de Cachan ! Les meubles sont brisés, les tentures déchirées, les boiseries, les glaces fracassées ; les papiers et les livres gisent pêle mêle à terre ; en marchant au milieu de tous ces débris, je heurte du pied la batterie d'un fusil à pierre ; un fusil à pierre en ce temps d'armes perfectionnées ! Singulier contraste ! Je plains nos aïeux réduits à faire la guerre avec ces armes imparfaites ; les batailles autrefois devaient être mesquines ; aujourd'hui, par le moyen des mitrailleuses, des chassepots, des dreyses, des krupps, trente-cinq mille hommes peuvent rester sur un champ de bataille ; cela s'est vu à Gravelotte. Voilà qui est beau et grandiose ; je suis fier de vivre dans ce siècle de progrès !

Revenu à mon logement, je me distrais en lisant les inscriptions qui criblent les murailles. Il y a des couplets d'opéras-bouffes, de ceux qui faisaient tant rire autrefois, puis, des pièces de vers sur les événements actuels ; la rime et le style ne donnent pas l'espoir d'un retour prochain de la poésie en France. Un démagogue a écrit en lettres majuscules, avec variantes, la phrase célèbre : « *et nunc populi (reges) intelligite ; erudimini qui judicatis reges (terram) ;* » viennent ensuite une foule de caricatures et de dessins, quelques-uns fort spirituels.

Ce soir, j'apprends que nos troupes attaquent l'Hay demain matin, et que cette attaque coïncide avec une série d'opérations militaires importantes. Enfin, nous

sortons de l'inaction ! Quelque chose va être tenté ! Ah !
si la fortune voulait nous sourire ! si nos armes allaient
être victorieuses ! si Paris allait être débloqué ! l'ennemi
refoulé, la France sauvée !

On affiche, à Paris, une proclamation du général
Trochu et une proclamation du général Ducrot que termine cette phrase, alors très-admirée, mais qui depuis...
« Pour moi, j'y suis bien résolu, j'en fais le serment
» devant vous, devant la nation tout entière : je ne ren-
» trerai dans Paris que mort ou victorieux ; vous pour-
» rez me voir tomber, mais vous ne me verrez pas re-
» culer. Alors ne vous arrêtez pas, mais vengez-moi.

» En avant donc ! en avant ! et que Dieu nous pro-
» tége ! »

Tout le monde partage les sentiments, les espérances que ces proclamations expriment ; une patriotique énergie nous transporte ; oui, nous sommes
prêts à combattre et à mourir, s'il le faut, pour la délivrance de notre pauvre France ; que Dieu soit avec
nous ! car nos malheurs excèdent la mesure et notre
cause est juste !

29 *novembre.* — Depuis hier soir le canon tonne dans
toutes les directions ; le fort de Montrouge et les
Hautes-Bruyères bombardent sans miséricorde le village
de l'Hay. Dès la pointe du jour, les troupes attaquent
le village ; de nos tranchées nous suivons facilement les
détails de l'action ; les troupes abordent énergique-
ment la position ; les Hautes-Bruyères et le fort de Montrouge tirent à outrance sur l'Hay ; des mitrailleuses
placées au moulin de Cachan font entendre de temps

en temps leur voix stridente, et quelques pièces, établies dans une redoute derrière le chemin de fer, tirent sans discontinuer sur ce malheureux village. L'ennemi, fortement retranché derrière des murs crénelés, dirige sur nos soldats un feu très-nourri, et une batterie prussienne nous envoie force obus des hauteurs de Châtillon ; elle a pour objectif la redoute derrière le chemin de fer et les tranchées où sont massés notre régiment tout entier et des gardes nationaux mobilisés. Jamais je ne vis tirer plus mal ; les obus passent par-dessus notre tête et ne produisent aucun effet ; un seul tombe malheureusement au milieu de gardes nationaux placés non loin de ma compagnie ; deux sont tués et trois blessés. Nos soldats combattent toujours avec acharnement ; ils pénètrent vaillamment dans les premières lignes, mais soudain je vois arriver dans le village les réserves prussiennes en nombreuses colonnes. On sonne la retraite ; les troupes reviennent, le feu cesse peu à peu ; les aumôniers et les ambulanciers, faisant flotter le drapeau de la convention de Genève, parcourent le champ de bataille ; l'affaire est terminée.... et nous sommes battus. A Paris on répand le bruit que l'Hay, Chevilly, Choisy-le-Roi et Bagneux sont en notre pouvoir. Pourquoi ne pas dire simplement que Paris est débloqué et que l'armée marche sur Berlin ? Par malheur nos succès sont plus modestes : ils se bornent à une attaque vigoureusement menée sur la Gare-aux-Bœufs à Choisy-le-Roi ; la position a été enlevée avant le jour.

Nous venons d'assister à une défaite ; faudrait-il déjà

renoncer aux espérances que nous concevions hier ? on dit, il est vrai, que l'attaque de l'Hay n'est qu'une diversion ; demain a lieu le passage de la Marne empêché ce matin, paraît-il, par une crue subite et imprévue de la rivière. Puisse la fortune nous être plus bienveillante qu'aujourd'hui !

A six heures du soir, la compagnie retourne à Montrouge.

30 *novembre.* — A deux heures de la nuit, la compagnie part pour la grange Ory ; on craint de ce côté une attaque de l'ennemi, et on y réunit plusieurs compagnies de mobiles. La canonnade, qui n'a pas cessé cette nuit, continue avec une violence sans égale du côté de Champigny. Ce matin, l'armée du général Ducrot a passé la Marne sur des ponts de bateaux ; l'action s'est engagée sur un vaste périmètre, soutenue par les forts. Nos troupes, admirables d'entrain et d'énergie, repoussent l'ennemi sur tous les points ; les Prussiens abandonnent partout leurs positions et se replient dans les bois. Les résultats de la journée sont magnifiques ; nous occupons ce soir Champigny, Drancy, Groslay et Epinay enlevé vaillamment sous un feu meurtrier. Belle! bonne et brillante journée ! ajoutons que le gouvernement a reçu une dépêche de Tours donnant d'excellentes nouvelles de l'armée de la Loire ; est-ce que enfin le sort des armes nous deviendrait favorable ?

2 *décembre.* — La compagnie est de garde aujourd'hui à la maison Pichon. La canonnade, du côté de

Champigny, est plus violente que jamais. Hier, la journée avait été calme et employée à enterrer les morts et à enlever les blessés ; aujourd'hui, la lutte recommence : « Cette deuxième grande bataille est » beaucoup plus décisive que la précédente. L'ennemi » nous a attaqués au réveil avec des réserves et des » troupes fraîches ; nous ne pouvions lui offrir que des » adversaires de l'avant-veille, fatigués, avec un maté- » riel incomplet et glacés par des nuits d'hiver qu'ils » ont passées sans couvertures ; car, pour nous alléger, » nous avions dû les laisser à Paris. Mais l'étonnante » ardeur de nos troupes a suppléé à tout ; nous avons » combattu trois heures pour conserver nos positions, » et cinq heures pour enlever celles de l'ennemi, où » nous couchons. Voilà le bilan de cette dure et belle » journée. »

4 décembre. — Je vais à Paris. La population raconte avec enthousiasme toute sorte de détails sur les combats des 30 novembre et 2 décembre. La défaite des Prussiens est complète ; ils ont eu, prétend-on, 15,000 hommes hors de combat ; nous avons écrasé des régiments entiers. Malheureusement, nos pertes aussi sont graves : elles se montent à 6,000 hommes hors de combat ; le commandant Saillard, le général Renault sont grièvement blessés ; on déplore la mort du lieutenant-colonel de Grancey, du commandant Franchetti, du capitaine de Néverlée, qui tous plus d'une fois avaient déjà donné les preuves d'une éclatante bravoure.

L'aspect de Paris est étrange ; beaucoup de rues ont

changé de nom ; le boulevard du Prince-Eugène s'appelle le boulevard Voltaire et la statue du vaillant soldat cède la place à celle du spirituel philosophe dont la philosophie n'était pas si austère qu'elle ne lui permît de fréquenter les rois... et même le roi de Prusse. — Plus de sergents de ville, mais de pacifiques gardiens de la paix qui cheminent deux à deux, maussades, ennuyés et léthargiques. — Sur les marches des églises se dressent des auvents en toile rouge où je lis ces mots en grandes lettres : « Souscription pour les canons. » Les engins de mort trouvent protection dans l'asile de l'humanité et de la miséricorde ! voilà les effets de la guerre ! — Les théâtres sont transformés en ambulances. Les médecins exerçant leur art dans la maison de Molière ! Quelle singularité !

On chasse librement les moineaux dans les rues, ainsi que les chats, les chiens et les rats ; un boucherie canine et féline a été établie et l'on me dit que les pâtés de rats se vendent couramment. Il est constaté que la population de Paris a déjà mangé beaucoup plus de 27,000 chats ; ce mets, vous le voyez, a de nombreux approbateurs dont je me sépare absolument... après expérience faite. On mange aussi force lapins, mais combien sont authentiques ! 27,000 chats ! cela autorise toutes les suppositions et... toutes les substitutions. Les animaux les plus sauvages obtiennent en ce moment autant de faveur que les animaux les plus domestiques : les kanguroos, les casoars du Jardin d'acclimatation, le chameau, l'éléphant remportent de très-vifs succès... de cuisine.

La garde nationale s'exerce toujours aux Champs-Élysées, où bosquets et gazons ont complétement disparu ; des bandes d'enfants sillonnent les boulevards chantant la *Marseillaise* ; ce sont les pupilles de la République ; ils travaillent aux barricades et apprennent ainsi de bonne heure le métier du citoyen de Paris ; des squelettes de chevaux écrasés de coups de fouet tirent à grand' peine des fiacres démantelés ; des quinquets à pétrole atroces, se prélassent au sommet des réverbères remplaçant le gaz absent ; les ivrognes pullulent ; les mendiants étalant d'horribles infirmités, plus ou moins réelles, encombrent les rues ; de petits enfants maigres et pâles vendent d'une voix chevrotante des journaux à un sou ; des femmes grelottant de froid font queue à la porte des boucheries et, pour achever le tableau, les enterrements passent en nombre excessif. L'aspect de Paris est décidément épouvantable, et je retourne avec enchantement à Montrouge.

Au moment où je quitte Paris, j'apprends que le général Ducrot a repassé la Marne et que ses troupes bivouaquent dans le bois de Vincennes. Les forces énormes concentrées par l'ennemi du côté de Champigny ont nécessité ce mouvement en arrière. Ainsi se termine cette brillante sortie ; sans doute les résultats désirés n'avaient pas été atteints ; du moins une chose importante était démontrée : la jeune armée de Paris est douée d'une puissante résistance et d'un courage incomparable ; qu'une armée de province approche de nos murs et nos jeunes soldats seront amplement en mesure de lui tendre la main.

6 *décembre*. — Ce matin, la compagnie arrive à huit heures à Montrouge après avoir passé la journée et la nuit précédentes à la grange Ory. Fâcheuse surprise! nous apprenons que notre régiment part à dix heures pour Vincennes. C'est fort regrettable; nous ne pouvions que nous louer de notre existence à Montrouge : installation charmante, service fatigant, mais réellement plein d'intérêt.

Il faut démeubler sans retard notre chambre si confortable et procéder à la réduction absolue de notre bagage, car ordre est donné d'emporter les seuls objets que nous pouvons voiturer sur notre dos et sur celui de nos ordonnances. Les tentes forment le principal bagage; on espère ne pas en faire usage trop tôt; passer de la chambre bien chauffée à l'abri défectueux de la tente ne serait pas la félicité suprême.

Arrivé à Vincennes, le bataillon apprend qu'il doit habiter le camp de Saint-Maur. On met à sa disposition des baraques peu séduisantes; grâce à l'enlèvement de plusieurs planches de la toiture, Eole et Borée s'y donnent libre carrière; demain, nous nous ferons charpentiers, et nous mettrons à la raison Éole et Borée.

VI

CAMP DE SAINT-MAUR

DU 7 AU 20 DÉCEMBRE

J'ai gardé un bien mauvais souvenir de Saint-Maur. Où est Montrouge? Où sont et notre installation confortable et nos grand'gardes, avec leurs mille incidents pittoresques et leurs dangers attachants? Ici, l'on mène la vie la plus monotone de la terre. Notre régiment est incorporé dans la brigade du général de La Mariouse, qui comprend déjà le 35e et le 42e de ligne, deux régiments célèbres; mais, en ce moment, la brigade se repose des combats de Champigny, auxquels elle a pris une part glorieuse. Rien à faire! aussi nous comptons les jours d'exercice parmi les plus agréables; malheureusement,

4.

le temps ne nous permet pas de manœuvrer souvent ; pendant plusieurs jours il neige et il gèle avec persistance ; puis nous sommes favorisés d'un horrible dégel, et ensuite d'une pluie torrentielle. Que devenir ? Nos baraques sont intolérables et à peine habitables ; on y gèle sur place. Par manière de distraction, les uns patinent sur le lac, errent dans le bois de Vincennes, parcourent le polygone et le champ de courses ; les autres poussent une pointe dans Vincennes, ville sans attraits, ou bien on fait griller un biscuit devant un énorme feu, ou bien on fend du bois à grands coups de hache, ce qui constitue un exercice réchauffant, sinon varié.

Les nouvelles générales ne sont pas de nature à nous réconforter. Ce fut pendant notre séjour à Saint-Maur, une série de tristes faits : d'abord, le général de Moltke nous apprend, par lettre, que les troupes prussiennes ont repris Orléans, événement déplorable, qui a le singulier privilége de n'inquiéter personne à Paris. Puis un bataillon de gardes nationaux est dissous pour avoir abandonné ses tranchées dans une panique ; un autre bataillon, envoyé aux avant-postes, est rappelé à Paris, pour cause d'ivresse générale. Je ne citerais pas ces faits, s'ils ne portaient en eux un grave enseignement : dans la garde nationale, plusieurs bataillons que je nommerais facilement, remplissaient leurs devoirs avec un zèle sans bornes ; mais, à côté d'eux, il y avait un grand nombre de bataillons de trempe fâcheuse, qu'il fallait envoyer aux avant-postes, comme les autres, sous peine de les accuser ouvertement d'impéritie et de susciter ainsi des séditions. Or, quelles défiances ne devaient-ils pas inspirer? Quelles entraves ne devaient-ils pas créer à la défense de Paris, ces hommes que la présence même de l'ennemi ne ramenait ni à la décence ni à la raison? Ceux qui déblatèrent si vigoureusement contre la défense de Paris feraient acte de sagesse en réfléchissant que, parmi les troupes dont nos généraux disposaient, beaucoup renfermaient des éléments invétérés d'indiscipline et de discorde et compromettaient chaque jour les opérations militaires.

Que dire de l'attitude déplorable de Paris à l'égard des officiers prussiens prisonniers de guerre? On les avait laissés libres sur parole dans Paris; cela était sage; ils pouvaient, par ce moyen, voir de leurs propres yeux et faire connaître ensuite à leurs frères d'armes l'activité, l'entrain des défenseurs de Paris et leur mâle courage et leur force de résistance admirable. La foule ne comprit pas cette idée juste et pratique; en présence de son irritation violente et de ses façons d'agir malhonnêtes, il fallut procéder à un échange de prisonniers.

Les fausses nouvelles continuent à fleurir; les Parisiens ont décidément la palme pour les inventions; on annonce que la flotte française a capturé, dans le port de la Jahde, la flotte prussienne tout entière!!! Les nouvellistes accompagnent cette magnifique victoire de détails qui en rehaussent encore l'éclat : deux frégates françaises, dont ils citent les noms, se sont sacrifiées en passant sur les torpilles placées à l'entrée du port; elles ont sauté et ouvert ainsi la route à notre flotte. Ce bruit se répand avec assez de consistance pour que le gouvernement prévienne qu'il n'a, sur cet événement, aucune donnée.

Que penseront, des Parisiens de cette époque, les hommes de l'avenir, en voyant tant de crédulité, tant d'intolérance et de si âpres colères? Les Parisiens s'en vont répétant qu'il faut mettre ce caractère nerveux et fébrile sur le compte de la guerre; ils font des efforts énormes pour se persuader que cette insanité n'existe pas dans la grande ville à l'état chronique. Je doute qu'ils y réussissent.

La crédulité de Paris est grande, mais quelques soldats ennemis en ont une opinion exagérée; ils capturent des ballons et nous envoient les pigeons tombés ainsi entre leurs mains, avec des dépêches de leur crû, signées de noms français; la fraude est de suite découverte; ces dépêches tracent un horrible tableau de l'état actuel de la France, dans l'espoir d'abattre le courage des défenseurs de Paris; j'y remarque ces mots : « Champs dévastés, brigandage florissant. » Palsembleu ! messieurs les ennemis, on ne se fait pas à soi-même de semblables compliments.

20 *décembre.* — Le régiment quitte Saint-Maur pour une destination inconnue; nous ne savons qu'une chose; nous allons nous battre. A quatre heures, le régiment campe dans une vaste plaine, derrière le fort de Noisy; il pleut depuis plusieurs jours et nous dormons dans la boue, sous la tente, — ce n'est rien! nous en verrons bien d'autres.

VII

CAMP DE BOBIGNY

DU 21 DÉCEMBRE AU 3 JANVIER

21 décembre. — A cinq heures du matin, le régiment plie bagage et se met en marche dans la direction de Bobigny. Il passe derrière le fort de Noisy, traverse la Folie, dont les maisons ravagées par les obus sont dans le plus piteux état. La route est encombrée de voitures d'ambulances, de cacolets, de brancards ; on se bat ferme en avant de Bobigny, dans la plaine de Drancy ; pas de fusillade, mais une canonnade furieuse. Notre artillerie crible d'obus les batteries de Pont-Iblon et de Blanc-Mesnil. Le bataillon débouche sur le lieu de l'action et prend position derrière l'artillerie. Toute la journée, on se canonne ; toute la journée, nous restons en place, grelottant de froid, car le temps a changé : il gèle à pierre fendre. Au plus fort de la canonnade, un lièvre et une compagnie de perdreaux viennent tomber au milieu de nos mobiles, comme la manne dans le désert : pas un ne leur échappe. Vers quatre heures du soir, on nous envoie creuser une tranchée devant le Bourget. A huit heures, notre travail est terminé ; les soldats de la ligne s'abritent de leur mieux dans la nouvelle tranchée et prennent leurs positions en cas d'attaque nocturne. On nous conduit alors derrière la ferme du Petit-Drancy, dans la vaste plaine où nous avons passé la journée ; il faut camper ; la température est de plus en plus sibérienne. Quelle nuit !

Voici les résultats de la journée d'aujourd'hui : Nos troupes ont, à la suite d'un très-vif combat d'artillerie, occupé heureusement Neuilly-sur-Marne, Ville-Evrard et la Maison-Blanche. On a aussi tenté une attaque sur le Bourget, qui, décidément, nous est funeste. Nos soldats pénètrent dans le village, mais ne peuvent s'y maintenir et sont forcés de se replier. C'est alors que le général Ducrot fait avancer une partie de son artillerie, qui engage une action violente avec les batteries de Pont-Iblon et de Blanc-Mesnil. Du côté du Mont-Valérien, une forte démonstration a été faite sur Montretout, Buzenval et Longboyau, en même temps que, sur la droite, nos troupes s'emparaient de l'île du Chiard. Ces attaques ne sont que le prélude d'une série d'opérations qui doivent se continuer les jours suivants.

Le froid survenu subitement entrave les opérations projetées ; on espérait qu'elles ne seraient que momentanément interrompues ; la persistance de la température ne permit pas de les reprendre.

— Aucun changement dans notre position pendant trois jours ; nous menons une vie pénible ; le matin, le bataillon plie les tentes, nettoie les fusils, fait le paquetage des sacs et attend les événements, tout en préparant la soupe. Ce sont de continuelles alertes ; une colonne prussienne est en vue ; vite tout le monde sous les armes ; les mobiles renversent la soupe, courent à leurs fusils, jettent le sac sur leurs épaules et le bataillon prend position. Après une pose de quatre heures, on retourne au camp, et l'on doit se contenter pour dîner de ronger un biscuit. Le soir, on dresse de nouveau sa tente ; officiers et soldats nous avons de petites tentes-abris, ainsi appelées sans doute par antithèse, car elles ne constituent qu'un abri des plus incomplets. Pour comble d'infortune, un vent épouvantable menace à tout instant de les emporter ; au milieu de la nuit, le vent brise les cordes ; il faut se lever en sursaut et, malgré le froid, enfoncer tant bien que mal les piquets dans la terre gelée et rétablir toute la machine ; pas de feu où nous puissions nous réchauffer ! le bois est tellement rare que nous le ménageons comme un trésor. De ma vie je n'oublierai la nuit du 23 au 24 décembre ; le thermomètre descend officiellement à 15 degrés au dessous de zéro et nous sommes sous la tente, couchés sur la terre nue ; tous ne se sont pas relevés sains et saufs le lendemain matin.

25 *décembre*. — Je lis dans le rapport officiel : « La » température est tellement exceptionnelle, qu'il fau-

» drait remonter à une époque très-éloignée pour en
» trouver un autre exemple ; les troupes ont cruelle-
» ment souffert pendant la nuit dernière — je vous
» réponds que nous en savons quelque chose, — de nom-
» breux cas de congélation se sont produits ; le travail
» des tranchées a dû être arrêté par suite de la dureté
» du sol, qui est gelé à cinquante centimètres de pro-
» fondeur. Dans cette situation, devenue grave pour la
» santé de l'armée et qui pourrait l'atteindre dans son
» moral, le gouverneur de Paris a décidé que tous les
» corps, qui ne seraient pas nécessaires à la garde des
» positions occupées, seraient cantonnés de manière à
» être abrités. » Il paraît que nous, mobiles, nous
sommes nécessaires à la garde des positions occupées et
qu'il n'est pas à craindre que nous soyons atteints dans
notre moral, car on ne nous abrite pas. C'est excessi-
vement flatteur, mais très-peu agréable. Quel triste jour
de Noël ! En mangeant du cheval coriace, on pense au
volatile traditionnel et à la veillée joyeuse.

La villégiature du bataillon dans la plaine de Drancy
devant se prolonger, nous perfectionnons notre installation ; pelles et pioches sont mises en usage avec vigueur
et, malgré la gelée, les mobiles construisent des casemates de toute forme et de toute grandeur qui donnent
un aspect pittoresque à cette horrible plaine. La
casemate des officiers de la 5e compagnie fait l'admiration générale ; escalier, fenêtre, table, bancs, rien n'y
manque ; le chef-d'œuvre est la cheminée ; grâce au zèle
de nos ordonnances, nous avons maintenant une pro-
vision de bois convenable ; le feu flambe toute la

ournée ; nous l'entourons de mille égards ; il est dans
es parages désolés notre seule ressource, notre seule
gaieté ; aussi jamais le feu des vestales ne fut entretenu
d'un soin plus jaloux. La casemate n'a qu'un inconvé-
nient : la terre dégelée par la chaleur du feu s'éboule de
tous côtés, et la nuit, en dormant, on reçoit parfaitement une énorme motte sur la tête ; cela, du moins, a
l'avantage d'interrompre les mauvais rêves, qui ne sont
pas rares dans la plaine de Drancy.

Il ne saurait être question de s'écarter du camp ; le
bataillon est toujours sous le coup d'une alerte ; nous
nous promenons de long en large sur la route de Saint-
Denis ; notre seule distraction consiste à regarder les
ambulanciers amateurs, car il y avait des ambulanciers
amateurs, et cette race affectait de nombreuses variétés.
Le premier sentiment que l'on éprouvait à la vue des-
dits amateurs était un sentiment de mépris ; faire éta-
lage d'un métier noble et n'avoir que des pensées mesquines ; afficher un grand amour du prochain et ne
professer, en somme, qu'un immense amour de soi-
même ; dissimuler sa couardise sous le masque d'une
bonne action, cela est bas et misérable. A l'indignation
succédait le rire ; de quels singuliers spectacles nous
fûmes témoins ! Bien des fois, sur cette route désolée,
apparaissait soudain un brillant équipage ; le coupé est
du meilleur faiseur ; la tenue du cocher ne donne pas
prise à la moindre critique ; les chevaux resplendissent de
vigueur et de santé ; ils brûlent le pavé. Ce bel équipage
voiture un homme jeune encore, qui ne paraît pas avoir
souffert des horreurs de la guerre ; son corps a un

agréable embonpoint et le plus charmant des sourires s'épanouit sur son visage radieux. Il nous regarde curieusement, comme des êtres extraordinaires ; je comprends son étonnement ; notre tournure est fort étrange ; dix jours sous la tente, avec de la neige et 15 degrés de froid, cela transforme un homme ; nous n'avons plus face humaine. Heureux ambulancier ! Lui, du moins, ne souffrira pas du froid ; d'épaisses et chaudes fourrures enveloppent sa précieuse personne ; peut-être a-t-il aussi une chaufferette. Ne rions plus, car, nous l'oublions, c'est un ambulancier ; il a soin d'ailleurs de ne pas nous le laisser ignorer : le maître, la voiture et le cocher portent de tous côtés la croix rouge ; quelle profusion ! Craignez-vous, monsieur, que l'on doute de votre qualité ?

Bons messieurs, envoyez vos chevaux à la boucherie ou faites-en don à l'artillerie ; vendez cet équipage magnifique et distribuez l'argent aux pauvres ; vous et votre cocher vous vous engagerez dans un corps franc, et enfin vous rendrez des services à la France. Que si vous êtes âgé, ou empêché par quelque infirmité de faire un service actif, alors devenez ambulancier, je vous approuve ; seulement faites votre métier en conscience et sérieusement ; pas de laisser-aller, pas de manque d'entrain ; car savez-vous ce que l'on dira, si vous êtes mou et oisif ? on prétendra que vous n'embrassez la profession d'ambulancier que pour faire échapper vos chevaux aux réquisitions ; d'autres, fort irrévérencieux, affirmeront que vous avez grand souci de votre personne, lequel sentiment, exprimé en français, s'appelle poltronnerie ; mais vous vous moquez des on-dit ; vous vous mettez au-dessus des qu'en-dira-t-on, — prenez garde ; terrible, cruelle même, est la justice du monde ; un jour peut-être vous vous repentirez !

Comment, après ce fâcheux récit, parler des vrais ambulanciers ? Quels que soient les éloges décernés à leur dévouement, on ne les exaltera jamais assez. Honneur à ces hommes de cœur ! honneur surtout aux frères de la Doctrine chrétienne, si souvent dédaignés et calomniés ! le zèle qu'ils ont déployé dans les ambulances leur a valu l'admiration de tous les honnêtes gens, sans distinction de parti ou de religion. Certes, c'était un bien consolant spectacle, au milieu de la fureur des combats, de voir flotter sur le champ de bataille cette croix rouge, emblème de la délivrance pour les malheureux qui gisaient à terre frappés par les balles ou par la mitraille. Quelle mission est plus méritante que celle des ambulanciers ? Relever les morts et les enterrer dans un coin solitaire, cela est pénible ; mais relever les blessés ! oh ! ici la pensée se glace, l'esprit s'épouvante ; ce malheureux, le froid l'engourdit déjà, la soif le dévore, le délire s'empare de lui ; il murmure les noms de ceux qui lui sont chers, ou bien, emporté par la fièvre, il blasphème, il maudit ses ennemis et parle de vengeance et de massacres. Il faut réchauffer ses membres glacés, panser les blessures de son corps, calmer son imagination égarée, écarter les angoisses et les lugubres pressentiments et dans cette âme désolée et abattue faire naître l'espérance. Pour remplir une semblable tâche, le dévouement ne suffit pas ; il est nécessaire d'avoir un grand courage et de ressentir au plus haut degré la satisfaction du devoir accompli.

Disons quelques mots des ambulancières ; les dames, toujours d'une charité fort prévoyante, organisent chez elles des ambulances. Pendant que leurs maris et leurs fils combattent aux avant-postes, elles soignent les blessés ; c'est leur manière à elles de servir la patrie, et certes ce n'est pas la moins efficace ; mais pour que leurs ambulances ne restent pas désertes, elles font une propagande active.

MADAME X... — Ah! mon cher ami, que je suis heureuse de vous voir! Je vous annonce une nouvelle ; j'installe chez moi une ambulance ; je vous préviens que, si vous êtes blessé, et que vous choisissiez une autre ambulance que la mienne, nous sommes brouillés pour la vie.

LE LIEUTENANT. — Croyez que je n'aurai garde... mais je ne suis pas encore blessé, et même j'espère bien échapper aux balles prussiennes. J'ai foi dans mon étoile.

MADAME X... — Balivernes que tout cela! bien portant aujourd'hui, vous pouvez être blessé demain.

LE LIEUTENANT. — Dites que je suis mort et enterrez-moi. Vos discours ne sont pas gais.

MADAME X... — Que voulez-vous, en temps de siége... Parlons de mon ambulance ; vous vous y trouverez en perfection ; on sera aux petits soins pour vous plaire ; vous aurez une bibliothèque, un piano ; vous ferez votre whist tous les soirs et vos repas seront succulents ;

jamais vous ne mangerez ni cheval, ni chien, ni chat, ni rat ; je dépeuple pour mon ambulance le Jardin d'acclimatation ; vous verrez sur votre table du bison, du casoar, du chameau, de l'éléphant et, si l'on tue l'hippopotame, je vous en promets le morceau le plus délicat.

LE LIEUTENANT. — En vérité, je commence à regretter de n'être pas blessé.

MADAME X... — A propos, vous savez que, si vous êtes grièvement blessé, il ne faut pas venir chez moi.

LE LIEUTENANT. — Comment? si je suis grièvement blessé...

MADAME X... — Oh! je vous en supplie, ne venez pas chez moi. Songez-y donc! si vous alliez mourir... dans mon ambulance!... cette pensée me navre...

LE LIEUTENANT. — Et moi, croyez-vous que cette pensée me laisse calme? mourir... dans votre ambulance! quelle désolation! tandis que, si je meurs ailleurs, tout ira pour le mieux dans le meilleur des mondes.

MADAME X... — Vous plaisantez agréablement ; je vois que les horreurs de la guerre n'ont pas encore altéré votre bonne humeur et je m'en réjouis.

LE LIEUTENANT. — Vous me faites dresser les cheveux sur la tête avec vos propos d'ambulance ; je m'enfuis...

MADAME X... — Encore un mot, cher ami : ne vous laissez transporter sous aucun prétexte à l'ambulance de ma voisine, Mme Z... Elle met les blessés entre les mains de deux médecins de malheur ; l'un, amateur d'expériences, impose aux patients un traitement de son invention, qui les envoie sans tarder dans un monde meilleur ; l'autre est partisan avéré des amputations et n'a encore sauvé personne.

LE LIEUTENANT. — De cette façon, il n'existe aucun sujet de jalousie entre les deux confrères.

MADAME X... — Adieu, monsieur le rieur ; puissiez-vous ne jamais avoir besoin de mon ambulance.

MADAME Z... — Vous venez de causer avec Mme X...? Elle vous a parlé de son ambulance ?

LE LIEUTENANT. — Certainement.

MADAME Z... — Et elle vous en a fait des éloges ?

LE LIEUTENANT. — Oui ! il paraît que cette ambulance est fort bien installée...

MADAME Z... — Bien installée pour faire mourir le pauvre monde ! Si vous êtes dégoûté de la vie, allez dans cette ambulance à la première occasion ; vous passerez en vingt-quatre heures de vie à trépas...

Promettez-moi de venir chez moi ; là vous serez bien soigné ; vous aurez une bibliothèque, un piano...

LE LIEUTENANT. — Je ferai mon whist tous les soirs...

MADAME Z... — Vos repas seront exquis ; pas de cheval...

LE LIEUTENANT. — Le Jardin d'acclimatation...

MADAME Z... — Vous avez deviné ; vous mangerez du casoar, de l'ibis...

LE LIEUTENANT. — Du chameau, de l'éléphant. Mangerai-je de l'hippopotame?

MADAME Z... — Hélas! le Jardin des Plantes en demande un prix exorbitant; personne ne veut l'acheter; mais, à tout hasard, j'en ai retenu un morceau pour mon ambulance.

LE LIEUTENANT. — Heureux hippopotame! Il fallait le siége de Paris pour que cette bête merveilleuse fût appréciée à sa juste valeur.

MADAME Z... — Chez moi, vous serez promptement sur pied, tandis que chez Mme X... il y a des docteurs...

LE LIEUTENANT. — D'une impéritie notoire, qui tuent tous leurs malades...

MADAME Z... — C'est cela même... seulement, si vous êtes grièvement blessé, ne venez pas chez moi...

LE LIEUTENANT. — Je m'en garderai bien! songez-y donc! si j'allais mourir dans votre ambulance! quel malheur!

MADAME Z... — Il y a plaisir à causer avec vous; vous comprenez tout à demi-mot.

LE LIEUTENANT. — C'est qu'en temps de siége, voyez-vous, on apprend bien des choses!

Que l'on veuille bien me pardonner un instant de gaieté; je m'empresse de faire amende honorable et de reconnaître les immenses services rendus par les ambulances particulières; les malades que nous y envoyions rapportaient toujours le meilleur souvenir des soins touchants dont ils avaient été l'objet. Hélas! il fallait avoir trop souvent recours aux ambulances; nous ne supportions pas impunément le froid, les nuits d'insomnie, les fatigues et les souffrances de tout genre. Après deux jours passés au camp de Bobigny, les plus vigoureusement charpentés semblaient les ombres d'eux-mêmes. Chaque matin, un nouveau convoi de malades s'acheminait vers Paris. Notre beau bataillon, dont nous étions si fiers, s'en allait par lambeaux. Pauvres garçons! je ne pouvais les voir partir sans un serrement de cœur. Ils montraient tant de patience, tant de résignation! C'était du moins une consolation de penser qu'ils trouveraient, dans quelque ambulance qu'on les envoyât, non-seulement les secours de la science, mais l'appui d'âmes compatissantes qui ne laisseraient pas défaillir leur courage.

27 *décembre.* — Centième journée du siége et première journée du bombardement. Les Prussiens démasquent ce matin trois batteries de gros calibre établies au Raincy, trois batteries à Noisy-le-Grand, trois batteries au pont de Gournay ; le feu est dirigé sur les forts de Noisy, de Rosny, de Nogent et sur les positions d'Avron. Enfin arrive le moment psychologique. Qu'est-ce que le moment psychologique ? Il s'agit sans doute de ce moment où, par suite de souffrances excessives, l'âme des assiégés est parvenue à ce degré d'impressionnabilité qui la rend accessible à l'épouvante. Mais l'ennemi fait une erreur dans la personne ; les Français ont l'âme virile et saine ; le bombardement, pas plus que les privations, pas plus que nos sorties malheureuses, ne pourra nous ébranler; nous ne céderons que devant la famine; mais nous ne subirons pas la famine; avant peu les armées de province arriveront à notre secours et Paris sera débloqué. L'ennemi n'ignore pas que cette espérance nous inspire une grande énergie, aussi emploie-t-il, pour la détruire, les moyens les plus amusants; aujourd'hui, un parlementaire a remis aux avant-postes une lettre adressée à l'amiral la Roncière. Le signataire de cette lettre, dont le nom, entre parenthèses, est illisible, nous informe que les armées de province étant complétement battues, Paris ne doit plus compter sur elles et nous donne le charitable conseil de capituler. Nous nous contentons de rire et ne capitulons pas.

29 *décembre.* — Nos troupes abandonnent le plateau d'Avron, occupé au début de l'affaire de Champigny. Cet événement produit une certaine émotion. On regardait le plateau d'Avron comme un point stratégique important, mais la position, violemment bombardée, n'est plus tenable. On parvient à grand' peine à sauver les soixante-quatorze pièces de canon qui y avaient été disposées.

Pas de nouvelles de province depuis quinze jours; la rigueur du froid empêche les pigeons de voyager, mais, avec notre bonne humeur habituelle, nous trouvons un motif de joie et d'espoir dans ce fait que les feuilles prussiennes nous cachent les mouvements de nos armées.

1ᵉʳ *janvier.* — La tristesse est peinte ce matin sur tous les visages. Chacun songe au passé et à ces journées joyeuses où tout le monde se souriait, et de tous les côtés régnait la gaieté la plus franche. Il convient de passer ce grand jour dans le deuil. Combien ne sont plus, de ceux à qui nous avions, il y a un an, à pareille date, souhaité toutes les prospérités! Combien succomberont encore aux souffrances de la guerre ou tomberont sous les balles prussiennes! Oh! mes chers parents, vous reverrai-je jamais? Oh! mes chers amis, nous retrouverons-nous encore ensemble? Accroupi au fond de sa casemate, tremblant de froid, on griffonne à la hâte quelques lettres pleines de souhaits pour l'avenir et de consolantes pensées; nous les confierons au premier ballon. Vents! soyez-lui favorables; enlevez-le au plus haut des airs; qu'il s'envole rapidement par-delà les lignes prussiennes; gardez qu'il tombe entre les mains de l'ennemi, car il porte à nos parents, il porte à nos amis les témoignages d'une affection passionnée, l'assurance d'un dévouement sans bornes et le meilleur de notre âme!

VIII

PANTIN

DU 4 AU 18 JANVIER

Le 3 janvier, nous émigrons à Pantin, ville horrible ! mais au moins un toit nous abrite, et le bataillon se remet peu à peu de la pénible campagne de Drancy. Les hommes reviennent de l'hôpital et les compagnies se reconstituent. Notre service consiste à aller, tous les quatre jours, à Bobigny, aux avant-postes, pendant quarante-huit heures et, de temps en temps, à Drancy, pour travailler aux tranchées.

C'est à Bobigny que j'ai vu les horreurs de la guerre dans leur plus poignante réalité ; le cimetière a été transformé en redoute ; les croix, les pierres tumulaires, sont renversées, les fleurs, les arbustes, cultivés par des mains pieuses, sont brisés ; les couronnes d'immortelles, les crucifix, les statuettes et ces mille objets témoignages de l'affection des survivants, gisent dans la boue. Chaque compagnie du bataillon, à son tour, passe vingt-quatre heures dans le cimetière ; on campe au milieu des tombes ! Heureusement, les misères de chaque jour vous mettent autour du cœur un triple mur d'airain, sans quoi, la vue de pareilles atrocités ne se pourrait soutenir.

Même légèreté que toujours à Paris. On a fait une découverte : si l'ennemi nous bombarde, ce n'est pas, comme on pourrait le croire, parce qu'il désire hâter la prise de la ville et terminer la guerre le plus rapidement possible ; le bombardement est tout simplement une diversion ; l'ennemi veut masquer la faiblesse des forces qui entourent Paris ; une partie de l'armée a dû partir au secours du prince Frédéric-Charles ; un mince cordon de troupes entoure Paris ; agissons, c'est le moment de faire une trouée ! Comme corollaire à cette nouvelle, on fait courir le bruit que les membres du Gouvernement sont en dissentiment. Il ne manquait plus que cela ! — Heureusement le Gouvernement nous prévient que ces bruits ne sont aucunement fondés. — Les clubs s'agitent ; ils injurient le Gouvernement et demandent la démission en masse de ses membres, des sorties en masse et le renvoi en masse des vieux officiers.

Une autre fois c'est plus grave : dans l'entourage du général Trochu il y a un traître émérite ; de plus, le gouverneur veut capituler. Quelques honnêtes citoyens, en présence de ces bruits, croient qu'il est de leur devoir de couvrir les murs d'affiches rouges, excitant à la guerre civile. Le Gouverneur répond avec énergie à ses calomniateurs ; il n'y a jamais eu de traître autour de lui ; puis il veut lutter et *ne capitulera pas.*

Revirement soudain ! Nous nageons dans la prospérité ; nos armées remportent de magnifiques succès ; elles triomphent partout. Le général Chanzy joue avec le prince Frédéric-Charles «comme le chat avec la souris.» Le prince Frédéric-Charles est blessé, dangereusement blessé; d'autres le tuent simplement et l'enterrent; il ne s'en porte pas plus mal! Quant au général Bourbaki, il est en Prusse, à la tête de son armée victorieuse!!! Hier, désolation; aujourd'hui, joie exubérante. O peuple enfant! raisonne un peu; calme cette tête folle; tout n'en ira que mieux.

Voici qui est beaucoup plus réel que ces nouvelles : nos vivres diminuent rapidement ; le pain devient détestable et on parle d'un prochain rationnement ; le bois de chauffage est introuvable, excepté pour les gens dépourvus de préjugés qui dévastent les propriétés privées et mettent les jardins en coupes réglées.

Le bombardement continue son œuvre avec acharnement; en une journée le fort de la Courneuve reçoit plus de 2,000 obus ; les forts du sud et les quartiers de la rive gauche de la Seine sont écrasés de feux ; les obus criblent la Sorbonne, le Luxembourg, l'église Saint-Sulpice, la Pitié, le Val-de-Grâce ; dans la nuit du 8 au 9 janvier, le quartier Saint-Sulpice reçoit 30 projectiles à l'heure ; les krupps lancent des obus de 94 kilogrammes ; les forts, les batteries extérieures et l'enceinte ripostent avec vigueur. Quelle canonnade! Heureusement les dégâts offrent relativement peu de gravité. Quant à l'effet moral, il est nul ; la population va et vient dans les rues, sans se préoccuper de la fureur des krupps, et, comme les Parisiens seront toujours les Parisiens en toute circonstance, on rencontre des curieux qui vont assister au spectacle du bombardement. Des curieux ! mon Dieu oui, et pourquoi s'en étonner ? Ne nous dit-on pas que d'illustres et graves personnages viennent d'Allemagne en France pour contempler cette *œuvre grandiose* ? J'espère que ni le fait ni le mot ne sont authentiques.

Le personnel médical des nombreux hôpitaux atteints par le feu de l'ennemi proteste contre le bombardement. Mais la plus émouvante protestation n'est-elle pas l'exposé simple de ce fait : cinq enfants ont été tués par un obus, au milieu de leurs jeux, au pensionnat de Saint-Nicolas. Pauvres et innocentes victimes, que le souvenir de votre fin misérable se présente sans cesse à notre esprit et se dresse en témoignage contre l'atrocité de cette guerre.

Pendant que s'accomplissent tous ces massacres, pendant que le sang coule dans les rues, les fidèles vont prier à la neuvaine de Sainte-Geneviève qui jadis... Silence ! ne parlons pas de saintes en ce temps d'athéisme, de matérialisme, de communisme. Fermez les églises et proclamez la Commune, et Paris sera sauvé, parce que Paris verra les choses telles qu'elles sont ; Paris ne croira plus aux bruits les plus extravagants, Paris chantera la *Marseillaise* un peu moins et fera preuve d'un peu plus de calme et de réflexion ; Paris deviendra raisonnable. — Paris raisonnable ! je demande à voir cela !

IX

COURBEVOIE ET BUZENVAL

DU 19 AU 24 JANVIER

Nous touchons à la fin de ce lugubre drame qui depuis tant de mois ensanglante la France. Le 19 janvier, date fatale dans l'histoire du siége, toutes nos espérances, toutes nos illusions devaient s'évanouir; le voile allait se déchirer et la vérité nous apparaître. Jamais départ ne fut plus inattendu que celui de notre régiment; l'étonnement était général, lorsqu'on vint nous dire, le 17, que nous partions le lendemain pour Courbevoie, et qu'une nouvelle action serait tentée. Il dégelait depuis quelques jours; on enfonçait jusqu'aux genoux dans une boue épaisse; comment les régiments pourront-ils exécuter avec rapidité les mouvements commandés? Comment les pièces de canon pourront-elles être placées en batterie ? Le 18, à quatre heures du soir, toutes les compagnies du bataillon sont rangées sur la place de l'Église avec quatre jours de vivres sur les sacs. Le bataillon se met en marche pour gagner le chemin de fer de ceinture. Nous entrons dans Paris par la *rue d'Allemagne*, et là les gardes nationaux, toujours méticuleux, nous font subir un interrogatoire inquisiteur. Échappé à leurs mains, le bataillon stationne sur les trottoirs jusqu'à dix heures, pour laisser passer des régiments qui doivent le précéder. A onze heures, il monte en chemin de fer ; à minuit, il arrive à Courbevoie. A peine arrivé, il repart à pied pour Charlebourg, où il parvient vers une heure. Les compagnies se rangent sur une grande route et forment les faisceaux ; c'est là que nous passons la nuit. Tout le monde prend sa volée et va demander l'hospitalité à un bataillon de mobiles installé ici à demeure. Je me réfugie avec mes camarades dans une maison où loge la cantine de ce bataillon. Nous nous étendons sur le carreau, et nous nous endormons, malgré les soucis et les préoccupations.

A six heures du matin, ordre de partir pour Rueil ; c'est dans ces parages que l'on se bat ; nouvelle et longue station sur la route de Rueil, pour laisser défiler devant nous des régiments de gardes nationaux mobilisés qui vont prendre part à l'action. Enfin le bataillon se remet en route ; nous traversons Nanterre ; quelques soldats sont aux fenêtres qui nous souhaitent bonne chance. En sortant de Nanterre, nous tournons à gauche, nous traversons les champs et nous entrons dans Rueil. Le bataillon s'engage dans une longue rue assez étroite ; voici ce qui se passe : il y a dans cette rue, pêle-mêle, de la mobile gagnant le champ de bataille, une colonne d'artillerie et enfin des ambulanciers qui vont chercher ou rapportent les blessés. Tout souffrait de cette organisation, et la mobile, et l'artillerie, dont la marche était forcément entravée, et les blessés que l'on ne pouvait porter que lentement à l'ambulance. Oh ! les blessés, quelle pitié profonde ils nous inspiraient ! Nous nous sentions l'âme réellement brisée à la vue de tant d'infortunes. Quelques-uns, grièvement atteints, et déjà sur le seuil de la mort, passaient, les yeux hagards et les bras étendus ; d'autres perdaient leur sang par de larges blessures ; d'autres avaient les membres fracassés ; je me souviens d'un sergent-major qui se dressait tout sanglant sur sa civière et criait d'une voix égarée : « Camarades, tout n'est pas perdu ; en avant et vive la France ! » Tout n'est pas perdu, mais tout est bien compromis, s'il faut en croire les récits des blessés. — Enfin nous sortons de Rueil ; nous débouchons dans les champs ; la fusillade crépite de toutes parts et le canon tonne avec rage ; le bataillon s'avance à travers les vignes, gagne la place qui lui est indiquée et se met en bataille. Les obus pleuvent autour de nous ; il est merveilleux en vérité que pas un ne soit tombé sur notre colonne.

A ce moment solennel, le bataillon montrait beaucoup de résolution et de solidité ; les visages étaient calmes, les regards assurés ; tous suivaient l'exemple que leur donnait leur commandant ; à notre tête marchait impassible au milieu de cette grêle d'obus, le commandant Blot, glorieux blessé d'Inkermann, homme d'une rare énergie et d'un rare courage; il nous dit, le lendemain, qu'il était fier de l'attitude que nous avions eue sous le feu de l'artillerie prussienne; mon commandant, vous auriez été mille fois encore plus fier du bataillon, s'il vous avait été permis de le conduire à l'attaque des retranchements ennemis; vos modestes mobiles vous auraient rappelé vos héroïques chasseurs à pied. Notre artillerie répond vigoureusement à celle de l'ennemi; elle finit même par éteindre assez rapidement le feu de ses pièces. Quant à la fusillade, elle est des plus vives du côté de la *porte de Longboyau.* Jusqu'à cinq heures du soir, elle continue dans la même direction; j'apprends par des soldats qui reviennent du lieu de l'action que nos troupes ne peuvent parvenir à déloger l'ennemi, fortement retranché derrière des murs crénelés. Ah ! si l'on pouvait amener des pièces de canon devant ces redoutables murailles; elles y feraient vite une brèche; mais les pièces enfoncent jusqu'à l'essieu dans la terre dégelée; on renonce par nécessité à leur concours.

Toute la journée nous restons en place, attendant l'ordre de marcher à l'ennemi; enfin, à cinq heures, on nous dit que le régiment va donner; rapidement, nous nous avançons dans la direction de Longboyau; nous arrivons au parc de Buzenval, enlevé le matin même aux Prussiens; il est six heures; la nuit est venue; on crie halte ! tout est changé; le régiment donnera demain, à la première heure; ordre de camper et permission de faire de grands feux. Il y a beaucoup de mouvement

autour du parc de Buzenval ; des troupes fort nombreuses doivent camper en cet endroit. Au milieu de
ces troupes animées, bruyantes, passe un détachement
de soldats du génie ; ils entrent dans le parc de Buzenval, pour y enterrer les morts, leurs pelles et leurs
pioches, reluisant à la clarté de nos feux, jettent des
éclairs sinistres ; leur air sombre et mystérieux, la
pensée de la triste tâche qu'ils vont accomplir leur
donnent une apparence fantastique ; brisé de fatigue,
je m'asseois près du feu et m'endors sur cette vision
lugubre.

Vers onze heures, une violente fusillade me réveille ;
les Prussiens font des feux de peloton sur nos soldats ;
leurs balles sifflent à nos oreilles ; autour de nous quelques hommes sont blessés. A minuit, ordre est donné
aux troupes de partir à l'instant même ; on leur dit
de regagner leurs campements et de se hâter ; c'en est
fait, nous abandonnons le champ de bataille ; encore une
défaite !

Quelle retraite ! la nuit est noire, et soldats de la ligne,
zouaves, gardes mobiles, artilleurs, gardes nationaux se
mêlent, se confondent, se cherchent, s'appellent ; finalement les régiments, les bataillons, les compagnies se
disjoignent ; des petites colonnes, des groupes se forment qui regagnent leurs campements isolément. Je
n'arrive qu'à six heures du matin à Charlebourg, avec
quelques-uns de mes camarades ; jamais je n'oublierai cette retraite, trop semblable à une déroute ! Nous
nous retrouvons, nous nous réunissons, nous nous ra-
contons les péripéties du retour, et nous déjeunons ;

depuis **Pantin**, c'est-à-dire pendant trente-six heures, à part deux tasses de café et un biscuit, personne n'a rien mangé.

Dans la journée, le bataillon repart pour Courbevoie où chaque compagnie s'installe de son mieux dans des maisons plus ou moins abandonnées. Tout le monde dîne rapidement, et nous nous empressons de nous étendre sur le parquet; bien des gens ne dormiront jamais plus profondément qu'ils ne l'ont fait cette nuit-là.

21 janvier. — Repos général sur toute la ligne et lecture des rapports officiels. Il en a été de l'affaire du 19 janvier comme de toutes celles qui l'ont précédée : au début de l'action, par notre élan irrésistible, nous débusquons les Prussiens de toutes leurs positions, mais l'ennemi reparaît plus tard en forces imposantes et nous oblige à rentrer dans nos lignes. — « Notre journée, » heureusement commencée, n'a pas eu l'issue que nous » pouvions espérer. L'ennemi, que nous avions surpris » le matin par la soudaineté de l'entreprise a, vers la » fin du jour, fait converger sur nous des masses d'ar-» tillerie énormes avec ses réserves d'infanterie. »

L'armée était partagée en trois colonnes principales; celle de gauche enlève la redoute de Montretout; celle du centre parvient sur la crête du plateau de la Berge-rie; celle de droite rencontre à Longboyau une résis-tance acharnée et ne peut réussir à gagner du terrain. « Vers quatre heures, un retour offensif de l'ennemi, » entre le centre et la gauche de nos positions, fait re-

» culer nos troupes, qui cependant se reportent en
» avant, vers la fin de la journée. Mais, la nuit venue et
» le feu de l'ennemi continuant avec une violence ex-
» trême, nos colonnes ont dû se retirer des hauteurs
» qu'elles avaient gravies le matin. Nos pertes sont sé-
» rieuses, mais d'après le récit des prisonniers prussiens,
» l'ennemi en a subi de considérables. »

Nos soldats, comme toujours, ont déployé la plus brillante bravoure; tout le monde reconnaît que la garde nationale mobilisée, qui a pris part à cette action, « a montré autant de solidité que de patriotique ardeur. »

Les phrases suivantes des rapports officiels laisseront dans l'esprit de tous ceux qui les liront une très-douloureuse impression. « *Retard de deux heures* de la colonne
» de droite; elle avait un chemin extrêmement long à
» parcourir (12 kilomètres), au milieu de la nuit, sur
» une voie ferrée qui *se trouva obstruée* et sur une route
» qu'occupait une colonne d'artillerie *égarée*... Nos
» efforts ont été arrêtés par l'impossibilité d'amener de
» l'artillerie pour constituer un établissement solide
» sur des *terrains défoncés*. »

Les mauvaises nouvelles affluent : en province, le général Chanzy a été battu et a laissé entre les mains de l'ennemi dix mille hommes et douze canons. — Ce matin, le bombardement de Saint-Denis et des forts qui couvrent la ville a commencé vers neuf heures; le feu de l'ennemi est des plus violents. Enfin, depuis le 15 janvier, on rationne le pain à 300 grammes par personne; il faut regretter que cette mesure n'ait pas été prise plus tôt ; quelques mauvais citoyens ont gaspillé le pain sans scrupule et en ont nourri leurs chevaux ; aussi maintenant dit-on ouvertement que le pain manquera dans les premiers jours de février.

Le *Journal officiel* annonce ce matin des changements dans le Gouvernement : le général Vinoy est nommé commandant en chef de l'armée de Paris ; le titre et les fonctions de gouverneur de Paris sont supprimées ; le général Trochu conserve la présidence du Gouvernement.

22 janvier. — Encore une de ces journées que l'on voudrait pouvoir rayer de notre histoire. Les communistes renouvellent la tentative du 31 octobre, au plus grand détriment de Paris et de la France entière. Voici les faits : pendant la nuit, quelques émeutiers ouvrent de force la prison de Mazas et mettent en liberté plusieurs prévenus politiques ; ils installent ensuite le quartier général de l'insurrection à la mairie du XXe arrondissement (Belleville) ; mais quelques compagnies de gardes nationaux arrivent et font évacuer la mairie. Tout n'est cependant pas terminé ; dans la journée une centaine de gardes nationaux débouchent sur la place de l'Hôtel-de-Ville et tirent sur quelques officiers de mobiles ; ils blessent grièvement un de ces officiers ; les gardes mobiles font feu à leur tour ; après un combat de vingt minutes, les émeutiers prennent la fuite ; il y a dit-on cinq morts et dix-huit blessés.

Pendant que le sang coulait à l'Hôtel-de-Ville, les batteries prussiennes tonnaient contre nos forts, et certes l'ennemi, entendant la fusillade dans Paris, devait se réjouir, car c'était pour lui et contre nous que les émeutiers prenaient les armes. Mais que veulent-ils donc, ces malheureux qui versent avec tant d'insouciance le sang de leurs concitoyens? Ils veulent la Commune? Et quelle est la devise de la Commune? La haine de l'envahisseur? L'amour de la patrie? En aucune façon! D'abord ils seraient sincèrement désolés de nuire à l'ennemi; n'est-il pas leur plus précieux allié? L'ennemi retient aux portes de Paris tous les défenseurs dévoués de la capitale et les écrase de ses obus; ainsi se trouve sans cesse diminué le nombre des troupes opposables à l'insurrection; ainsi se trouve facilitée la glorieuse tâche des communistes. Quant à l'amour de la patrie, ils n'y restent pas insensibles, mais leur amour est d'une nature particulière: ils aiment la patrie comme le prodigue aime un sac d'écus; ils souhaitent de conquérir le pouvoir, afin de prendre l'argent dans les poches de tout le monde et de ne se refuser aucune douceur. Le 31 octobre, le premier acte des émeutiers, dit-on, a été de demander 15 millions au ministère des finances; ce matin, à peine installés à la mairie du XXe arrondissement, ils se sont gorgés de 2,000 rations de pain et ont noyé leur joie dans le vin; barriques de vin et rations de pain étaient destinés aux indigents de Belleville qui, par suite des agissements de l'émeute, ont vu s'accroître leurs souffrances. Mais voilà une chose qui importe peu aux communistes; ils ne s'arrêtent pas à de pareilles misères; ils sont les maîtres et ils en profitent pour voler, piller, saccager et tuer, après quoi ils disent qu'ils ont sauvé la République, assuré la liberté et fait faire un grand pas à l'humanité dans la voie du progrès, tandis que en réalité ils ont compromis toutes les choses belles et bonnes et donné un vigoureux coup de main à l'ennemi, gens que l'ineptie de leur conduite ferait traiter de fous à lier si la précision de leurs mouvements, l'ensemble de leurs attaques, ne montraient qu'ils sont fortement organisés, parfaitement en pouvoir de raison et conscients de leurs coupables entreprises. Aujourd'hui ils ont échoué; le 18 mars ils tenteront de nouveau la fortune et avec plus de succès.

24 janvier. — Ordre de partir pour Paris; est-ce une première étape? Allons-nous livrer bataille à l'ennemi sur quelque autre point de nos lignes? Nous n'osons le croire, mais nous l'espérons sincèrement. Malgré les défaites continuelles de nos armées, malgré tous les mauvais présages, le prestige de la France reste encore si grand à nos yeux qu'il nous semble impossible que le succès ne vienne pas couronner la persévérance, l'énergie et le courage de nos héroïques soldats.

A Paris, on caserne le bataillon dans des baraques établies au boulevard des Batignolles, non loin de nos anciens baraquements. Le mouvement de notre régiment n'est pas isolé ; de toutes parts les troupes rentrent dans Paris. Hélas! on parle d'armistice! Une proclamation du général Vinoy expose la situation telle qu'elle est : lamentable et compromise. « Il ne faut pas se faire d'illusions, dit le général, nous voici arrivés au moment critique. » Pauvre France! battue par des ennemis redoutables, déchirée par tes propres enfants... tu succomberas!

X

PARIS

DU 25 JANVIER AU 6 MARS

Pendant trois jours, Paris ne parle que de l'armistice. On ferme les clubs, ces foyers de sédition, pour le plus grand bienfait de la décence et de l'ordre publics, mais leurs adeptes alors tiennent séance en plein air. Quelles voix! Les oreilles m'en tintent encore. Il faut les entendre protester contre l'armistice : Pourquoi ne les a-t-on pas consultés? Eux, ils ne sont pas généraux, et ils s'en vantent. — Savent-ils seulement lire, écrire et compter? J'en doute. Que leur importent ces balivernes! — Mais eux, ils ont un plan, et un plan infaillible. Faisons une sortie en masse, et nous sauverons Paris. La sortie en masse, la bataille torrentielle! voilà le grand remède, la panacée souveraine qui doit nous

6

délivrer de tous nos maux! Sans doute ces partisans de la guerre à outrance seront au premier rang parmi les combattants? Trêve de plaisanteries! Ces excellents et courageux citoyens engagent tout le monde à aller au feu, mais n'y vont jamais eux-mêmes; affaire de principes! Rendons-leur justice : inhabiles à combattre l'ennemi, ils font preuve d'une immense aptitude aux outrages. Ils invectivent violemment les mobiles, les ruraux, comme ils les appellent, dont ils ne sont pas dignes de comprendre le patriotisme. Nous ne leur répondons pas, nous haussons les épaules; nous sommes au-dessus des injures de ces gens-là !

La douleur de l'armée, si calme, si profondément résignée, console de ce spectacle affligeant. Nos braves soldats ne récriminent pas, ils n'accusent pas la fortune à grands cris. Ils ont rempli virilement leur devoir et savent que la patrie les estime sans peur et sans reproches. Que sert d'ailleurs de faire des retours haineux sur le passé? Ne convient-il pas plutôt d'adoucir par les espérances de l'avenir l'amertume de l'heure présente? L'inexorable fatalité nous accable sans miséricorde : l'armée du général Faidherbe a été refoulée sous les murs de Lille; l'armée du général Bourbaki passe la frontière et se réfugie en Suisse! Seule, la ville de Belfort résiste encore victorieusement. Dans quelques jours, elle tombera entre les mains de l'ennemi, non pas vaincue par la force des armes, mais se soumettant volontairement à la destinée de la France; la garnison obtiendra du moins une grande consolation et bien méritée : elle sortira de la ville qu'elle a si vaillamment défendue avec les honneurs de la guerre.

C'est le 28 janvier que la convention d'armistice est signée. Tout de monde commente cet article : « Pendant la durée de l'armistice l'armée allemande n'entrera pas dans la ville de Paris. » Observera-t-elle la même modération après l'armistice ? On ne croit pas se hasarder en affirmant la négative. L'article suivant terrifie les honnêtes citoyens : « La garde nationale conservera ses armes ; elle sera chargée de la garde de Paris et du maintien de l'ordre. » L'article ne faisant aucune distinction entre les gardes nationaux consciencieux et les communistes, nous allons voir les hommes du 31 octobre et du 22 janvier, veillant au respect de la propriété et à l'inviolabilité des personnes. Voilà une sécurité grande ! Par contre, la convention désarme la mobile et presque toute l'armée.

Nous sommes prisonniers de guerre ; la convention nous défend de quitter Paris. Heureusement, nos parents et nos amis viennent nous voir. Quelle joie de retrouver ceux dont on a été si longtemps séparé et que bien des fois on pensait ne revoir jamais. Les lettres arrivent d'Allemagne, nous apportant des nouvelles de nos chers prisonniers de guerre : la captivité leur pèse ; il leur tarde de rentrer en France. Quelle sera leur douleur en revoyant leur malheureuse patrie si cruellement meurtrie par l'ennemi, pleurante et désolée ! Le deuil est dans tous les cœurs ; tous nous sommes frappés dans nos plus chères affections ; tous nous pleurons des parents ou des amis tombés sur les champs de bataille. Oh ! mes amis, vous que j'aimais tant, je ne vous verrai plus, je n'entendrai plus le son de votre voix ; je ne pourrai plus invoquer vos conseils, souffrir de vos souffrances, applaudir à vos succès et me réjouir de votre joie ; du moins votre souvenir ne s'effacera jamais de ma mémoire ; vous resterez éternellement présents à mon esprit, avec votre brillante ardeur, votre courage héroïque, vos grandes et généreuses pensées (1).

La France vote pour l'Assemblée. L'Assemblée se réunit à Bordeaux ; le 17 février elle nomme M. Thiers chef du pouvoir exécutif ; le 26 février les préliminaires de paix sont signés à Versailles et ratifiés le 2 mars par l'Assemblée qui, grâce à cette promptitude d'action, allége pour nous la dernière humiliation ; le 1er mars, un corps de 30,000 Prussiens entrera à Paris où il tiendra garnison jusqu'à la ratification par l'Assemblée des préliminaires de paix. Aussitôt les communistes font leur apparition ; ils suscitent l'agitation et courent en

---

(1) Qu'il me soit permis de citer ici le nom de deux de mes meilleurs et de mes plus regrettés amis : le vicomte Jean de Castries et le vicomte Gaston de Murat. Le vicomte de Castries, à peine sorti de l'école de Saint-Cyr, était sous-lieutenant au 4e régiment de lanciers. Son esprit si vif, son intelligence si étendue, lui assuraient un brillant avenir ; le 30 septembre il était mortellement frappé d'un éclat d'obus, en portant un ordre, au combat de Chevilly.

Le vicomte de Murat, lieutenant au début de la guerre, au 4e bataillon de la mobile du Loiret, avait été nommé capitaine sur le champ de bataille de Champigny, en récompense de sa valeureuse conduite ; grièvement blessé à l'attaque du parc de Buzenval, le 19 janvier, il succombait aux suites de cette blessure, à l'âge de vingt-deux ans, quelques instants après avoir reçu la croix de la Légion-d'honneur.

processions bruyantes à la colonne de Juillet ; ils saisissent un agent de la police et le précipitent dans la Seine pieds et poings liés ; puis, sous prétexte de soustraire à l'ennemi des canons que celui-ci ne songe pas à prendre, ils s'emparent de force d'un parc d'artillerie ; ils pillent des poudrières, volent des cartouches et se retirent ensuite à Belleville et à Montmartre, attendant le 18 mars. — Le 1er mars, les Prussiens occupent le quartier des Champs-Élysées ; par une dernière ironie de la fortune, il fait un temps magnifique. Les journaux ne paraissent pas, les boutiques sont fermées ; l'attitude de Paris est fort digne. — Les préliminaires de paix étant ratifiés le 2 mars, le 3, en se réveillant, Paris a l'immense satisfaction d'apprendre que les Prussiens sont partis dès l'aurore.

Enfin, le 6 mars, les mobiles retournent dans leurs foyers ; le moment du départ est bien pénible ; comment se séparer sans regrets de ces excellents camarades dont plus d'une fois on a éprouvé la prévenance et l'affection, de ces jeunes sous-officiers qui toujours nous ont prêté un secours si actif et si empressé, et enfin de tous nos mobiles, braves garçons, qui ont fait leur devoir avec une abnégation sans pareille ? Une dernière fois le clairon sonne l'assemblée, une dernière fois on fait l'appel ; puis toutes les mains se tendent les unes vers les autres ; on se dit un adieu fraternel, et ma foi je ne voudrais pas jurer que les larmes ne coulaient pas dans bien des yeux. Chacun s'éloigne et regagne le village natal, présageant à ce malheureux Paris les plus funestes choses, car déjà les communistes fomentent l'insurrection ; non contents d'avoir, pendant le siége, entravé la défense par mille séditions, ils méditent maintenant de tuer, d'anéantir la France ; tandis que ces hommes détestables préparent la plus horrible des guerres civiles, nous, mobiles de la province, nous, les ruraux, nous rentrons dans nos loyales campagnes, la tête haute, avec la conscience d'avoir bien mérité de la patrie, résolus à toujours rester fidèles au parti de l'ordre, et soucieux avant tout de la dignité et de l'honneur de la France,

La voilà donc terminée, cette guerre entreprise par
nous avec de si vives espérances et marquée pour la
France des plus effroyables catastrophes. Que de misères
entassées pendant l'espace de six mois ! La première
nation du monde, la plus glorieuse, la plus respectée,
la France, en un mot, est tombée à un degré d'abaissement infini ; cadavre inerte et sans âme, la France gît
sanglante, inanimée. Comment ce fait s'est-il accompli ?
Dans quelques années, lorsque les esprits seront calmés
et les colères apaisées, l'histoire dira les causes précises
de nos désastres et attribuera à chacun la part certaine
de responsabilité qui lui incombe ; mais dès à présent,
nous devons protester contre les sentiments exagérés. La
foule ne ménage pas les accusations, disons le mot, les
injures aux commandants de nos armées : ils n'ont pas

réussi, en conséquence, elle les voue aux dieux infernaux. Les choses en France, et surtout en notre bonne ville de Paris, se passent de la sorte ; la foule ne voit que le succès ; tout homme qui ne réussit pas est un homme perdu ; tel personnage, hier grand entre les plus grands et adoré à l'égal d'une divinité, aujourd'hui, parce qu'il a échoué, sera précipité de la roche Tarpéienne. Et, cependant, ne convient-il pas de tenir compte des difficultés rencontrées, des efforts mis en jeu, de l'intelligence démontrée, des résultats obtenus? Je crois que la postérité, toujours impartiale, parce qu'elle ne subit pas l'influence des passions, qui faussent le bon sens, révisera et cassera plus d'un jugement.

C'est ainsi que les événements qui ont eu lieu depuis le 18 mars corrigeront sans doute bien des opinions; la chute de Paris pèsera très-lourdement, je l'espère, sur les communistes; il sera de toute justice de reconnaître que, par leurs menées criminelles, leur esprit perturbateur et insurrectionnel, leurs continuelles séditions, ils n'ont cessé d'apporter aux opérations militaires des entraves insurmontables.

Quant à ce mot de trahison, si lestement appliqué un peu à tout le monde, je le repousse de toutes les forces de mon âme; dites qu'il y a en France des hommes mal servis par les circonstances, des hommes trompés par la fortune et même, si cela vous plaît, des hommes inhabiles, mais ne dites pas qu'il y a des traîtres; ne nous enlevez pas notre honneur le plus pur; dans ce naufrage de toutes nos gloires nationales, une seule du moins n'a pas sombré : la nation française

est restée ce qu'elle a toujours été : une nation essen-
tiellement généreuse et loyale.

Maintenant quelle destinée nous est réservée ? Beaucoup, épouvantés par nos désastres, déclarent la France
déchue à tout jamais de son ancienne splendeur et inca-
pable de ressaisir le sceptre du monde. Quant à moi,
je suis de ceux qui espèrent ; j'ai confiance dans l'avenir. La Providence se lassera de nous frapper, car nous
avons épuisé la coupe des douleurs. Non, la France ne
périra pas ; non, nous ne resterons pas dans cet état
d'abaissement et d'humiliation ; la France renaîtra forte
et puissante, et d'autant plus redoutable qu'elle
aura été régénérée et comme épurée par le malheur.
Pour atteindre ce résultat, que faut-il ? Une seule
chose : un travail opiniâtre. Les nations étrangères
gratifient les Français d'une réputation de légèreté
et de frivolité qu'ils justifient trop souvent. Depuis
longtemps, en France, nous estimons, nous admirons
les hommes chercheurs et travailleurs, mais nous ne les
encourageons guère ; que cette pratique disparaisse. La
Prusse vient de nous prouver d'une façon éclatante ce
que peuvent l'amour des études sérieuses et le travail
acharné ; elle nous a donné une dure leçon. Sachons
du moins en profiter.

Rappelons-nous les horribles spectacles dont nous
fûmes témoins, ces monceaux de cadavres, ces blessés
agonisants, ces villes pillées et incendiées et que le
souvenir des misères de notre infortunée patrie nous
soit un secours fortifiant qui nous soutienne dans l'ac-
complissement de notre tâche ; à l'œuvre donc ; à

l'œuvre sans relâche, sans défaillance, comme aussi sans retard; le temps nous presse, hâtons-nous;

> « Car la France, hier encor la maîtresse du monde,
> » A reçu, quoi qu'on dise, une atteinte profonde,
> » Et, comme Juliette au fond des noirs arceaux,
> » A demi-réveillée, à demi-moribonde,
> » Trébuchant dans les plis de sa pourpre en lambeaux,
> » Elle marche au hasard, errant sur des tombeaux! (1)

(1) A de Musset.

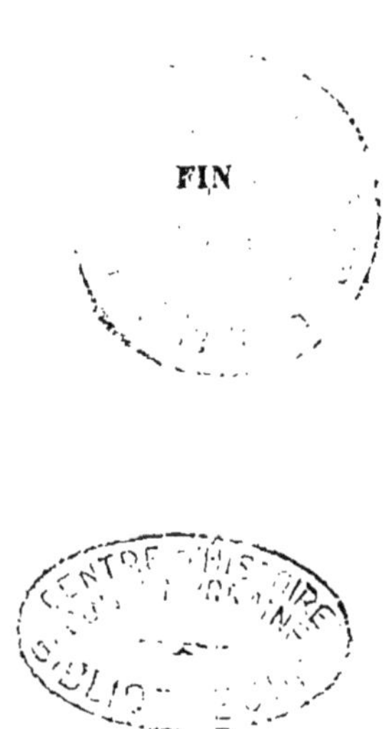

CENTRE D'HISTOIRE

TABLE DES MATIÈRES

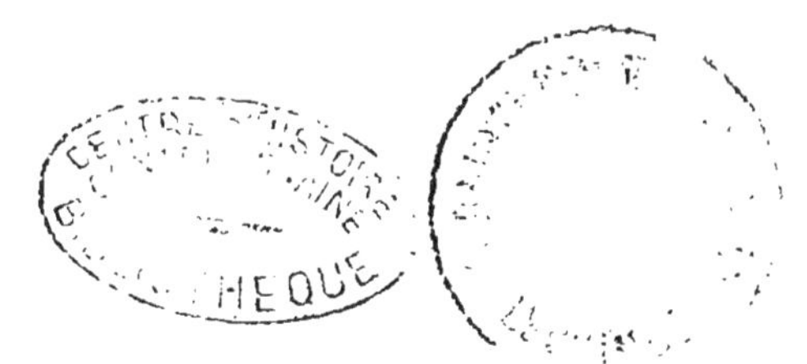

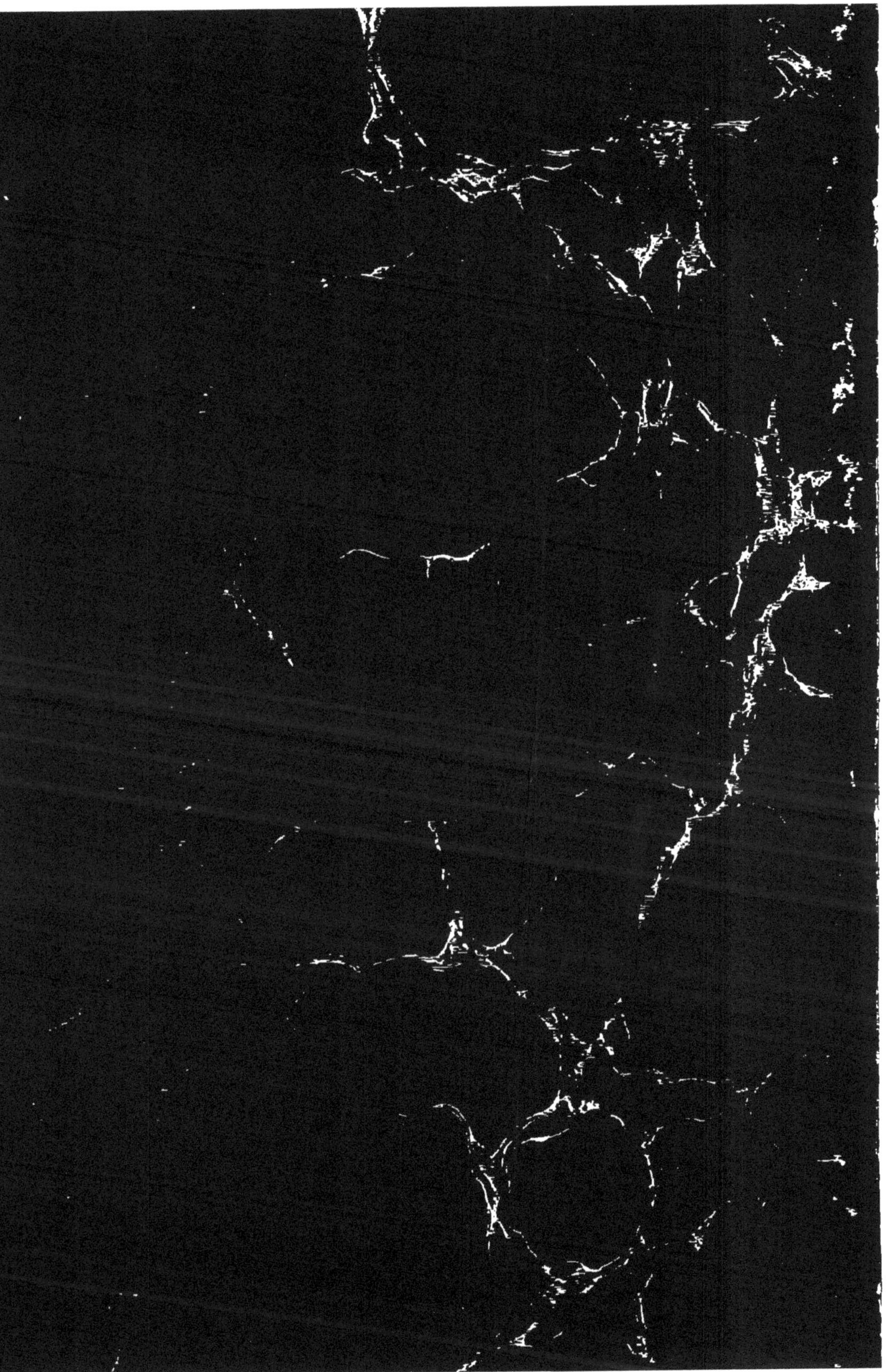

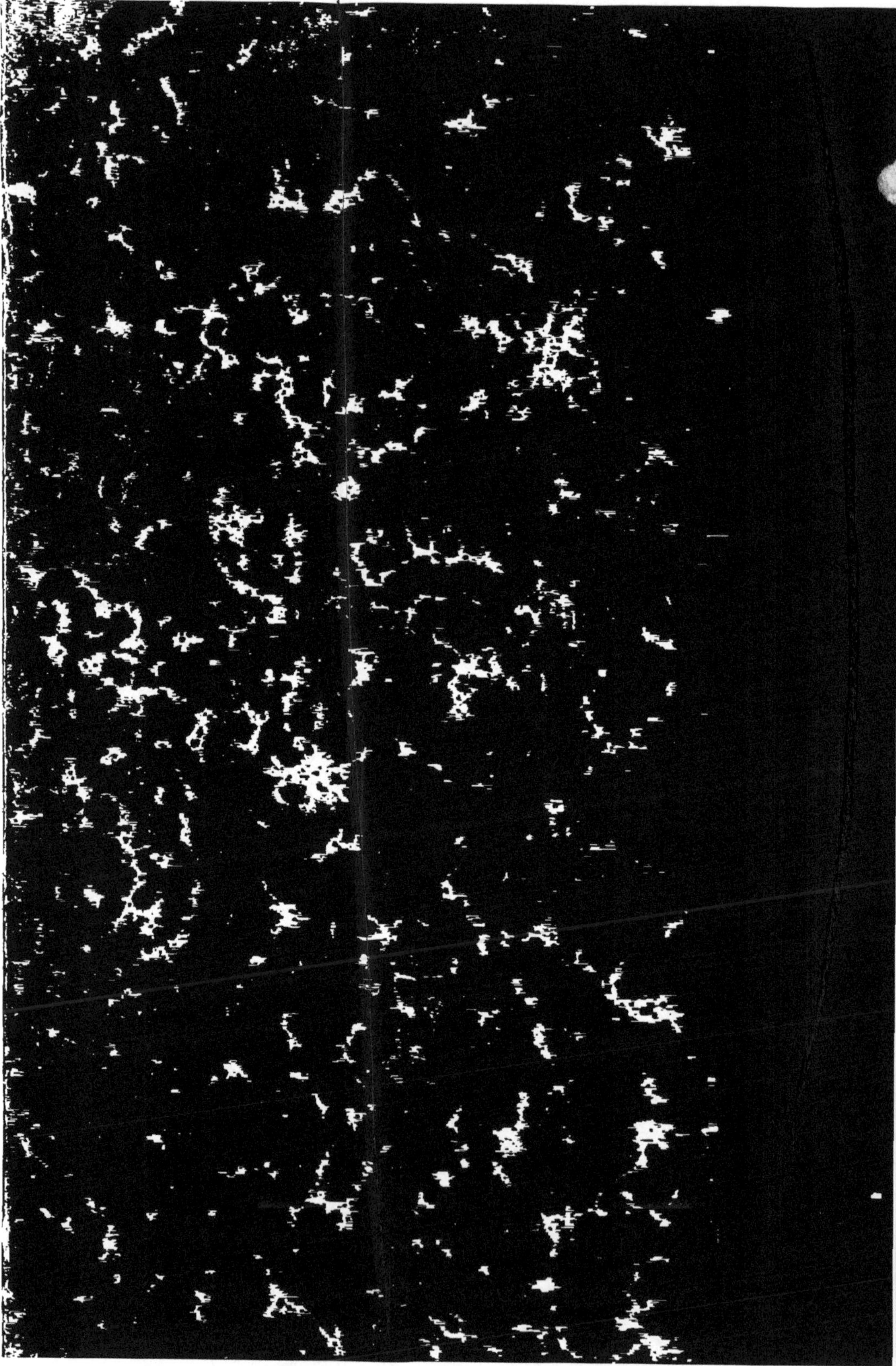

www.ingramcontent.com/pod-product-compliance
Ingram Content Group UK Ltd.
Pitfield, Milton Keynes, MK11 3LW, UK
UKHW021736090726
13657UKWH00002B/747